大規模呉服商の
流通革新と進化

――三井越後屋における商品仕入体制の変遷――

武居 奈緒子 著

千倉書房

はしがき

　現代の日本企業は，江戸時代の大規模商人の築いた成功手法の蓄積が明治時代に，貿易商社，紡績業を中心とする製造業者に継承され，昭和時代を通じて大規模寡占企業，大規模小売商に引き継がれ，連続性を保ちながら成長・発展してきた。この意味で，日本企業は江戸時代に形成された単純な経営形態を複雑化し，進化を遂げてきたと言えるだろう。

　この流れを踏まえて，本書の課題は日本企業のあるべき姿を江戸時代から存続している日本企業（大規模商人）に着目し，流通の動態性について歴史的方法論に依拠して解明することである。とりわけ，大規模商人が牽引して流通活動を行うことによって，封建社会から商品経済社会へと大きく転換することに重要な役割を果たしていることに焦点を当てる。

　このような発生史的研究を行うことは，次の2つの意味がある。

　第1に，環境変化の中でも変わらない普遍性を追求することが可能だと考える。現代の不確実性に満ちた経営環境下においては，短期的な成果が長期的な成果に結びつくとは限らない。市場は常に変化している。したがって，変化に対応しない企業は淘汰される。このような成熟市場環境下においては，長期継続するための仕組み作りが不可欠な要素となる。そこで，江戸時代から継続する企業を考察することで，そこから導き出された流通法則により現代企業の長期存続のための，有効かつ不可欠な戦略を導き出すことができると考えられる。

　第2に，日本企業の一般的傾向を追求するのみならず，江戸時代における大規模商人の直面する市場・流通問題への個別の対応という単純化された中で商家の競争力の規定因を探り，固有の特徴をも導出することができる。この大規模商人の異質的側面における因果関係の解明は，各々の大規模商人の特殊性を追求するものである。

　これら2つの観点から，大規模商人の中でも越後屋に焦点を当て，流通革新

と管理の仕組みの視角から競争力の源泉を探り，江戸時代の商家経営の全体像を解明することが，現代の日本企業の在り方に有益な示唆を与えるものと言えるだろう。

本書は，神戸大学に提出した博士論文「江戸時代の呉服商における仕入革新―越後屋の買宿制度を中心として―」に加筆・修正したものである。また，日本商業学会誌『流通研究』に掲載された「江戸期呉服商の仕入変革―我が国における百貨店業態成立の史的背景」(2006年，第8巻第3号)，「越後屋における仕入革新と商家の成長―買宿制度を中心として―」(2008年，第11巻第9号) の両論文もその基礎にある。

そして，次の学会で発表の機会を得ることができた。

2004年4月，経営史学会関西部会，「呉服商の仕入革新―我が国における百貨店業態成立の史的背景―」／2005年11月，経営史学会第41回全国大会，「買宿制度の形成―越後屋の事例を中心として―」／2006年5月，経営史学会西日本部会，「越後屋における仕入機構の形成―絹・木綿仕入を中心にして―」／2007年5月，日本商業学会第57回全国大会，「越後屋の仕入革新と企業成長」／2008年6月，日本商業学会第58回全国大会で，「日本における百貨店業態成立に関する歴史的考察」

本書を上梓するにあたり，多くの先生方にお世話になっている。まず，恩師である田村正紀先生（神戸大学名誉教授）により，幅広い商学の分野の中からマーケティングの歴史的研究の方向に進むべき，という確信を得ることができた。博士論文の提出以降も，本書の出版に向けて激励をいただき，出版にあたってもご配慮くださった。この機会に厚く御礼を申し上げたい。

髙嶋克義先生（神戸大学教授）からは，本書の問題意識，構成，分析手法に至るまで，さまざまなことについて有益かつ惜しみないご教示をいただいた。マーケティングの歴史的観点から方法論が確立できたのも，先生のこれ以上望むべくもないご指導の賜物である。また本書が完成するまで，常に温かく丁寧なコメントを頂戴した。衷心より御礼を申し上げたい。

桑原哲也先生（神戸大学名誉教授），南 知恵子先生（神戸大学教授），角山 榮先生（和歌山大学元学長），石井寛治先生（東京大学名誉教授），西村順二先生（甲南大学教授），佐々由宇先生（下関市立大学名誉教授），小宮一高先生（香川大学准教授），猪口純路先生（小樽商科大学准教授），金雲鎬先生（日本大学准教授），奥林康司先生（神戸大学名誉教授），羽石寛寿先生（摂南大学経営学部学部長）には，有益なご助言をいただいた。西岡和彦先生（國學院大學准教授）には，古文書の点検をお願いした。

また，資料収集に関して，由井常彦先生（公益財団法人三井文庫文庫長），賀川隆行先生（公益財団法人三井文庫嘱託研究員），永井伴子氏（公益財団法人三井文庫司書），山田秀樹氏（株式会社三越伊勢丹ホールディングス），菊地満雄氏（一般財団法人 J.フロントリテイリング史料館），植田順子氏（一般財団法人 J.フロントリテイリング史料館），来見田博基氏（鳥取県立博物館主任学芸員），三澤麻須美氏（現山梨県立文学館資料情報課長，元山梨県立博物館学芸員），鈴木 威氏（銅屋與次右衛門の末裔）にご配慮をいただいた。

そして，本書の出版についてご快諾いただいた千倉書房の千倉成示社長，編集・校正の過程で常なる励ましと適切な助言をいただいた関口 聡編集部長に心より深く謝意を表したい。

最後に私事で恐縮ではあるが，折に触れて励ましとサポートをしてもらった父健三，母昌子，弟紀之に感謝の意を表したい。

　　　2013年7月

　　　　　　　　　　　　　　　　　　　　　　　　　武居　奈緒子

目　次

はしがき

序章　ヒストリカル・セッティング ……………………………………… 1

第1章　近世商業史研究と本研究の位置づけ ……… 9
　第1節　近世商業史研究と流通史研究 ……………………… 10
　第2節　越後屋の商家経営 ……………………………………… 13
　　1. 組　織 ……………………………………………………………… 13
　　2. 会計・帳簿 ……………………………………………………… 14
　　3. 奉公人 ……………………………………………………………… 17
　　4. 流　通 ……………………………………………………………… 18

第2章　越後屋の販売革新と成長 ……………………… 23
　　　　── 1600年代の成長戦略──
　第1節　江戸時代の市場環境の変化と経済発展 ……………… 24
　第2節　越後屋の販売革新 ……………………………………… 25
　第3節　越後屋の京都仕入店 …………………………………… 30
　第4節　富裕層の強化と長崎仕入れの整備 ……………………… 32

第3章　越後屋の顧客層の拡大と買宿制度 ……… 35
　　　　── 1700年代以降の成長戦略──
　第1節　卸売商支配による商品流通の萌芽 ……………………… 36
　第2節　生産者の一般的状況 …………………………………… 39
　第3節　仕入革新の重要性 ……………………………………… 41

第4章　絹物の買宿制度の創出と管理 …………………… 49
　　　　　——上州を中心として——

第1節　三井高房の仕入戦略 ………………………………… 50
　　　　　——買宿制度の導入——

第2節　上州における買宿制度の創出 ……………………… 53

第3節　上州における買宿の管理と優位性 ………………… 60
　1. 送り方の指示 …………………………………………… 61
　2. 仕入れ段階での品質管理 ……………………………… 61
　3. 報告書の提出義務 ……………………………………… 62
　4. 越後屋の手代による指導・管理 ……………………… 62

第4節　八王子と青梅への買宿制度の移転・拡大 ………… 71

第5章　木綿の買宿制度の移転と進化 ……………………… 79
　　　　　——伯州を中心として——

第1節　商品市場の変化 ……………………………………… 80
　1. 木綿市場の台頭 ………………………………………… 80
　2. 江戸木綿問屋仲間からの調達量の限界 ……………… 84

第2節　三井高祐の仕入戦略 ………………………………… 85
　　　　　——買宿制度の新展開——
　1. 取引契約書の商家内移転 ……………………………… 87
　2. 買方指南書の商家内移転 ……………………………… 89

第3節　仕入量の産地間調整 ………………………………… 96

第4節　買宿支援と買宿制裁 ………………………………… 98
　1. 買宿支援 ………………………………………………… 99
　2. 買宿制裁 ………………………………………………… 101

第5節　前貸金融 ……………………………………………… 108
　1. 越後屋から西紙屋への前貸金融 ……………………… 108
　2. 西紙屋から仲買への前貸金融 ………………………… 109
　3. 織元への直接支配 ……………………………………… 110

第6節　鳥取藩の商業政策 …………………………………… 112
　　第7節　雲州への買宿制度の移転 ……………………………… 116

第6章　競合呉服商の追随と展開 ………………………………… 123
　　第1節　大丸屋の追随と展開 …………………………………… 124
　　　1. 京都仕入店の追随 ………………………………………… 125
　　　2. 長崎仕入れの追随 ………………………………………… 126
　　　3. 買宿制度の追随 …………………………………………… 127
　　第2節　いとう松坂屋の追随と展開 …………………………… 132
　　　1. 京都仕入店の追随 ………………………………………… 133
　　　2. いとう松坂屋の問屋業務 ………………………………… 134
　　　3. 買宿制度の追随 …………………………………………… 136

第7章　幕藩体制を前提にした流通機構の併用 ………… 147
　　　　　——呉服商間の協調行動——
　　第1節　呉服商の仲間・株仲間 ………………………………… 148
　　第2節　直買制度の構築・維持 ………………………………… 150
　　　1. 白子組と大伝馬町木綿問屋仲間の対立関係 ……………… 150
　　　2. 京都二十軒組と江州布問屋の対立関係 …………………… 152
　　第3節　江戸呉服問屋と甲州買継仲間の正規の流通機構の
　　　　　　構築・維持 …………………………………………… 156

第8章　大黒屋の仕入機構 ………………………………………… 163
　　第1節　大黒屋の仕入機構 ……………………………………… 164
　　第2節　大黒屋の直営仕入店 …………………………………… 165
　　第3節　都市呉服商の直営仕入店 ……………………………… 167

第9章 日本における百貨店業態成立に関する歴史的考察 …… 173
- 第1節 買宿から買継へ …… 174
- 第2節 百貨店業態の成立 …… 176
  1. 仕入経路の短縮化 …… 180
  2. 安定的仕入経路の確保 …… 184
  3. 仕入品目の拡大 …… 185
  4. むすびに …… 195

第10章 日本流通の発展段階と今後の展望 …… 199
- 第1節 日本流通の発展段階 …… 200
- 第2節 越後屋の買宿制度と大規模小売商主導の流通機構の形成 …… 202
- 第3節 マーケティングと商業の共存の時代に向けて …… 206

参考文献 …… 211

序章 ヒストリカル・セッティング

【越後屋】江戸時代を代表する呉服商で,越後屋の革新的経営手法に模倣・追随した呉服商は多い。

(資料) 三井文庫蔵。

はじめに

　本書の目的は，江戸時代の呉服流通の動態性を大規模商人（大店(おおだな)）の視角から歴史的な事実に基づいて考察することである。研究の分析視角は，前資本主義経済の時代における大規模商人の発展段階を，商品経済の進展の度合いに応じて，次の3期で捉えることである。とりわけ呉服に注目するのは，最先端の仕入形態がみられるとともに，商品経済化が最も顕著に進展した分野であるからである。

第1期　商品経済の萌芽段階：卸売商主導の流通機構の形成

　江戸時代初期において，農村部は自給自足経済が中心であった。江戸を始めとする都市の成長とともに，自給自足経済の中に商品経済が芽生えてくる。呉服の流通機構の中においては，生産者は小規模零細で家内工業として営んでいた。ここで活躍したのが，問屋と言われる卸売商人である。大規模商人と言えば，主として問屋から構成され，大規模問屋の中には江戸十組問屋が含まれた。他方で，呉服店(ごふくだな)（小売）は小規模経営にとどまっていた。そして呉服の仕入機構では，問屋からいかに調達できるかが仕入れの重要な問題となっていた。このように第1期は商品経済がごく一部で始まり，その中で卸売商人が担い手となり，呉服流通を支配していた時代であると言えよう。

第2期　自給自足経済から商品経済へ大きく転換する段階：大規模小売商の後方系列化

　1700年代になると自給自足経済が崩れさり，貨幣経済へ大きく転換し，商品経済の付加価値生産が高まってきた時代である。とりわけ呉服は，商品経済化の1つの象徴とも言える分野である。呉服商としての利益の中心が，卸売商

から小売商へ移行するにつれて，大規模商人としての呉服小売商が中心的な役割を果たすようになってくる。その背景には金銀の増産，交通の発達，都市の発生，生活の向上がある[1]。従来の問屋利用では，調達面での量的・質的限界のため，問屋支配からの脱却が主要な課題になってくる。そこで小売を営む呉服商が，買宿(かいやど)を設置し地方の商人や生産者を支配するという後方系列化を行うことで，卸売商が支配する流通を崩していったのである。この方法によって，大規模呉服商としての地位を確立・維持できたのである。大規模呉服小売商の成長は，この後方系列化なしにはありえなかった。

第3期 商品経済段階：工場制手工業から工場制機械工業へ

　工場制手工業では，工場における共同作業によって分業による専門化の利益を追求することで，生産能力の向上が見込めるようになった。工場制手工業から工場制機械工業へ移行するにつれ，生産者が大規模化し，市場での担い手が商人から生産者に交代していった。なお斎藤（1984），斎藤（1985）によると，織物業において農村工業が工場制工業化しているとして，江戸時代後期に日本はプロト工業化を経験しているとも主張している。そして，プロト工業から工場制工業への移行がみられるとしている。いずれにしても生産者が流通を支配するに至り，大量生産された商品をいかに確実に販売するか，という問題に直面することになる。

　このような歴史観に立脚すると，第2期の大規模小売商の後方系列化の局面が，これまで必ずしも十分に説明されてこなかったことが理解されよう。しかも，従来の見解では，流通機構の中で問屋としての卸売商人が主導していた局面から生産者主導へ移行するというのが通説となっていた。しかし，それでは江戸時代の流通の全体像を把握するうえで，日本の近代化の説明が不十分であるため，大規模小売商の流通活動を視野に入れることが重要になってくる。そこで本書では越後屋を取り上げて，前資本主義社会における日本の商業経営の

在り方を，大規模小売商の視角から呉服流通に対する商業の役割を解明しようとするものである。歴史はたゆまぬ変化の連続である。この大規模小売商の近代化の過程が解明されて初めて，江戸時代の流通を包括的に把握することができるのである。そのうえで，江戸後期から明治期にかけての工場制手工業の段階へと受け継がれていくのである。

このような観点から江戸時代の呉服商をみると，越後屋は江戸に大消費地が形成されて消費者層がふくらみ，消費文化が構造的に変わりつつあった時期に，この変化をいち早く市場機会と捉え，延宝元（1673）年，江戸本町一丁目に呉服店を開業し，正札現金掛値なし(しょうふだげんきんかけね)という販売革新によって不特定多数の顧客を取り込み，急成長を遂げる。このように1600年代の成長は販売革新で説明できる。これは前述の第1期にあたり，呉服小売商として小規模経営を営んでいる段階である。

ところが1700年代になると販売規模の拡大に対応するため，商品の販売問題よりも調達問題の克服が大きな課題となる。これは先述の第2期に当たり，販売革新により成長するにつれて仕入問題が顕在化していった。その成長の鍵を握ったのが，競合呉服商に先駆けて買宿制度(かいやどせいど)という仕入革新を起こしたことにある。買宿制度とは，越後屋が創出した流通取引制度で，資本的に独立的である産地の有力商家を系列内に組み込むことで，活動の自由を制限した中で，越後屋のためだけに仕入れるように働きかけることによって，仕入量を確保していく方法のことである。したがって，直接買付けと既存問屋からの買付けの中間の仕入形態のことで，現代の後方流通系列化に相当する。この買宿制度は，業界の慣行的仕入れからの離脱という意味で仕入革新である。本書ではこの買宿制度の生成・発展過程に注目し，試行錯誤のプロセスを一次資料に基づいて実証的に検証するものである。

さて，越後屋が買宿制度を展開した商品としては主に絹物と木綿という二種類の商品があり，これらは江戸時代の異なる時期に買宿制度を導入して製品化している。しかし，この買宿制度による産地開拓は決して順調には進まなかった。なぜなら絹物と木綿とでは既成の全国的な流通機構という点で異なり，絹

物では卸売商支配の流通機構が強固に形成され，越後屋のような江戸初期の新興商人に対する参入障壁や大量調達の妨げという問題があったのに対し，木綿については未成熟な生産と流通の体制という問題があったからである。ただし，いずれにおいても旧来の流通取引制度が，越後屋にとっての解決すべき課題となっていたのである。そしてこれらの旧来の流通取引制度に基づく問題を克服するために，買宿制度をこれらの商品において導入していくことになる。

　このうち絹物は古くからある生産物であり，大都市の裕福な階級の人々の需要が大きく，かなり早くから流通機構が確立されていた商品であった。京都西陣以外に新興の産地として，上州においても農家の副業として作られる商品であった。その規模は，小規模・零細で，家内工業的に地場産業として発達していた。

　もともと藤岡には，続日本紀に「天平宝字二年二月戊戌，上毛絹世疋」とあり，上野絹が奈良時代からあったことが記述されている。また日野絹の起源は，聖武帝が法隆寺永食封として賜ったのが起源である。その後吉野時代の上野の日野と仁田山より絹を献上奉ったところから，桐生織物が開けたと言われている。そして，「前橋風土記」によると，藤岡絹の品質が優れているため，動堂町，笛木町で六斎市といった市での取引が行われるようになり，その後十二斎になり，市での取引が一層活発化したとしている。また「絹市由来」によると，桐生では万治元年に年瀬の絹市を始めたのがその始まりと言う。この絹市には，藤岡・前橋・伊勢崎・八幡山・桐生の絹商人，外品商人までが集まり，活発な取引が行われていた[2]。

　こうした状況の中で越後屋は，享保 7（1722）年，上州藤岡に絹物の買宿制度を導入する。その後享保 17（1732）年に上州大間々町・桐生新町，寛政 5（1793）年に八王子，寛政頃に青梅へと移転・拡大していった。

　これに対し，木綿は生活必需品として自家消費，あるいは小規模生産され，藩内流通にとどまっていた商品であった。最初生産の拠点は畿内であったが，江戸・大坂を始めとする大都市で新しく木綿の市場が成長してくると，宝暦期（1751-1764 年）には，摂津・河内・大和等の畿内ばかりでなく，播磨・備前・

備中・周防・長門・石見・淡路・阿波等の中国・四国地方，紀伊・伊勢・尾張・三河等へと拡大していき[3]，地域に生産集積が形成されて，新興の産地が勃興してきた。

越後屋では，伯州（現在の鳥取県西部）において綿が生産され始めたことに着目して，産地開拓に乗り出していく。産地進出した伯州における産地の状態は，次の通りである[4]。伯州で綿作が開始されたのは，延宝4（1676）年と言われる。元禄14（1701）年，米村広治の主導で米川開削に着手し，宝暦9（1759）年19キロに及ぶ用水路が完成した。明和期（1764-1772年）から安永期（1772-1781年）には，綿作が本格的に作付けされ急速に普及していった。越後屋が伯州に進出したのは，まさしく産地での綿作が整備された時である。

伯州では，綿を生産しながら，江戸・大坂を始めとする大都市の市場へ供給しえないという状況にあった。この全国市場で知られていない木綿の産地を越後屋が天明2（1782）年，伯州西紙屋，寛政12（1800）年，雲州西台屋へと，木綿にも買宿制度を移転・拡大していくことで掘り起していったのである。こうして，伯州の木綿は，江戸・大坂を始めとする大都市の消費者を対象とした生産に切り替わっていくのである。

本書の特色は，次の2点にある。

第1に，動態的接近である。市場は絶えず動いている。このような状況の中では，一時点で適用する因果関係よりも，動態性の中での流通の法則を解明することが重要視されてくる。なぜなら，ある一時点を切り取り最適解であったとしても，長期的には最適解は移動するからである。そのため，短期的な最適解ではなく長期的な最適解の法則性を見出すことが求められる。とりわけ，商業を動かすために重要な役割を果たしているのが，さまざまな流通取引制度であるので，そこに着目することで，本質論的政策的議論が可能となると考える。

第2に，商家経営の中でも，大規模小売商の革新性と管理の仕組みに焦点を当てることである。なぜなら，商家の革新性と管理の仕組みの構築こそが，競争力を生み出す源泉であると考えられるからである。大規模小売商の革新性の

中でも，とくに仕入革新に焦点を当て，越後屋が革新的行動をとることによって，どのように大規模商家として長期にわたり持続的に強みを発揮していったのか，その試行錯誤の過程について，事実の掌握から検討を行う点に第2の特色がある。

　このような理解を基礎として，本書は次のような構成をとっている。

　まず，第1章で，商家経営に関する従来までの議論を整理し論点を明確にする。そのうえで，江戸時代の商家の経営について，流通革新と管理の仕組みという視点から本研究についての意味づけが行われる。第2章では，越後屋の創業期から1700年にかけての販売革新で成長した時代について，第3章では，越後屋の1800年代以降の戦略に焦点を当て，この時期における仕入革新と管理の重要性が明らかとなる。そして越後屋がいかなる意図と経緯のもとで買宿制度を導入・展開するに至ったかについて検討していく。第4章においては，越後屋の絹物の仕入機構の革新性とその制度的維持について一次資料に基づいて考察する。第5章においては，越後屋の木綿の仕入機構の革新性とその制度的維持について実証的に明らかにする。第6章において，越後屋の仕入革新に模倣・追随した商家について考察して，買宿制度が競合呉服商や呉服業界に及ぼした影響について議論される。第7章では，幕藩体制を前提にした仕入機構について論じる。第8章において，産地に直営で進出した大黒屋，都市呉服商の仕入行動について考察する。その結果，仕入戦略の相違が，経営成果の存否を反映していることが理解されよう。そして第9章で，現在の百貨店は，江戸時代の呉服商の基盤のもとに成立していることが明らかにされる。第10章では，江戸時代の後方系列化を踏まえ，日本流通の発展過程を展望し，結びとする。

（1）　菅野（1930），pp. 82-85。
（2）　上州の産地の状態は，「絹市由来」天保11年，（桐生市立図書館所蔵史料　書上家文書69），藤岡町史編纂委員会編（1957）を参考にした。
（3）　林（1967），p. 120。
（4）　伯州における産地形成は，松尾編（1980），内藤・真田・日置（1997）を参考にした。

第1章 近世商業史研究と本研究の位置づけ

【越後屋の店内】越後屋の店内に，井桁三の越後屋の暖簾を掲げて信用を強調して，また掟書を掲示して「現金かけねなし」を謳っている。

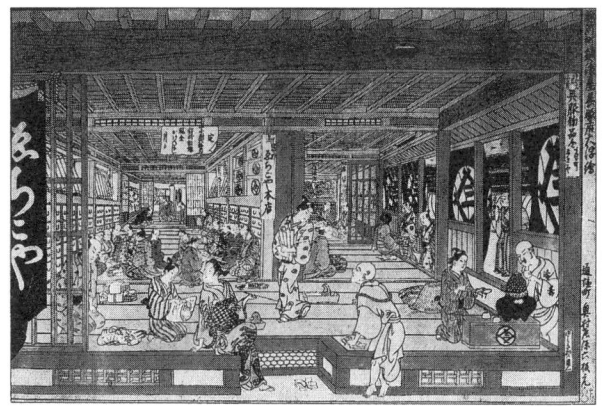

（資料）　株式会社三越伊勢丹蔵。

第1節　近世商業史研究と流通史研究

　前資本主義社会における商家の研究は，経済史，経営史の分野を中心として多くの研究蓄積がある。もともと資本主義の形成過程の説明において，資本主義的製造企業の発生の説明が中心で，生産者関係が歴史の発展を決めると言われてきた。生産者の活動からみると，前資本主義段階の経済活動は停滞的であるとみなされ，その活動だけでは江戸時代の歴史の動態を説明できないという視点に基づいて，商業史研究の重要性が強調されるようになってくる。

　まず，商家の研究は，宮本の研究を契機として始められるようになってきた。宮本（1938）は江戸時代商家の株仲間に注目し，それは独占機能，権益擁護機能，調整機能，信用保持機能を通して，品質保証の役割を果たしていたと積極的な評価をした。この研究を受けて，歴史制度分析の視点から数量的に株仲間を捉え直したのが岡崎（1999）である。岡崎（1999）は株仲間制度の働きがあった時期と株仲間が停止されていた時期とを比較して，株仲間の存在が市場経済の発展へとつながったと宮本（1938）と同様の結論を導いている。

　さらに宮本（1941）は商家には家訓があり，それは奉公意識・体面意識・分限意識という消極面もあるが，始末・算用・才覚による経営が行われていたと説明している[1]。そして，宮本（1979）によると表1-1に示されるように商家での家訓の存在を明示している。

　これらの研究の影響を受けて，作道（1975, 1976, 1978）によると，住友家では享保6（1721）年に別子銅山，長崎店に対する家法書が，三井家では享保7（1722）年に宗竺遺書が，鴻池家では享保8（1723）年に家定記録覚がそれぞれ制定されていて，享保期（1716-1736）頃に家訓が成立しているとしている。そして，作道（1978）は家訓に次の5つの特徴を見出している。
①本家・分家・別家による協力体制
②新儀停止と祖法墨守

表 1-1　江戸時代の商家の家訓

大坂商人	家訓（鴻池宗利）	享保17年	家訓
	掟書（若狭屋太郎兵衛）	安永2年	家訓
	手代昼夜心得事（絵具屋惣兵衛）	文政11年	店則
	諸事掟（殿村家）	天保4年	店則
	覚（平瀬家璧書）	天保13年	店則
近江商人	家則（八幡町市田家）	正徳頃	家訓
	慎（日野町山中家）	享保2年	家訓
	家訓（神崎郡門前中村家）	宝暦4年	家訓
	定（市田清兵衛高崎店）	安永4年	店則
	主従心得草（八幡町伴家）	寛政年代	家訓兼店則
	遺訓（日野町中井家）	文化2年	家訓
	定（犬上郡不破家）	文化14年	家訓
	遺訓（八幡町内池家）	文化2年	家訓
	家掟条目（八幡町谷口家）	文政5年	店則
	奥井金六の書信	天保6年	家訓
	示合之条目（愛知郡豊椋村小林家）	嘉永年間	店則
	文盲恥書（日野町矢野家）	弘化2年	家訓
	店改規（南五ケ荘村外村家）	元治2年	店則
伊勢商人	宗竺遺書（三井家）	享保7年	家訓
	店定目（川喜田家）	文化13年	店則
	定目（長井家）	文政10年	店則
名古屋商人	家訓録（伊藤屋）	明和5年	店則
	定（水口屋）	文化7年	店則
	戒訓（岡谷家）	天保7年	家訓

（出所）　宮本（1979），pp. 47-48 より宗竺遺書の部分を一部加筆のうえ作成。

③始末・才覚・算用による経営
④合議制の採用
⑤経営家族主義の原点

また宮本（1957）においては，江戸時代の商家では，一般的に大福帳，買帳，売帳，金銀出入帳，判取帳，注文帳，荷物渡帳が用いられていたと述べている。

これら商家経営の研究に関しては，次の3つを特徴としてあげることができる。第1に，個別商家を対象とした商家経営の中身を扱うものである。第2に，商家の資料に基づいて商家経営について言及している。第3に，江戸時代の商家において，株仲間，家訓，帳簿を通して商業活動が行われていることが述べられている。

このような商業史研究の流れの中で，流通史研究が登場してくる。この研究の出発点になったのが，中井（1959）である。これによると，商品流通を理解する研究があまり行われてこなかったとして，社会に埋め込まれた流通について取り上げている。林（1967）も同様の見解に立ち，生産ではなく流通に力点を置いて，江戸問屋仲間を中心に述べている。そして幕藩体制の枠組みの中で，流通の全体的体制の掌握，言い換えれば呉服商の独占的集荷機構の制度的維持として，買次への前貸・貸金，都市問屋による仕上加工工程の把握，運輸機構の掌握といった要因をあげている。それによって，流通からみた経済活動の実態が明らかにされた。

中井（1959），林（1967）の研究を踏まえたのが，桜井・中西編（2002）である。桜井・中西編（2002）は，経済社会全体の中での流通経済を捉える必要があるとし，これを流通経済史とよび社会経済活動の中に占める流通活動の重要性が強調されている。

いずれの研究にも共通しているのは，幕藩体制を基礎にして，その論理が組み立てられていることである。たしかに，幕藩体制を前提とした仲間組織や株仲間組織が流通機構の一部を形成していた。しかし流通の全体を捉えた場合，流通の担い手は仲間組織や株仲間組織だけではない。大規模小売商の観点から捉えた時，生産者が小規模零細にもかかわらず，どのようにして大量販売に対応できたのかについては疑問が残る。大規模商人の発展過程においては，幕藩体制の枠組みにとらわれない買宿という新しい仕入機構が形成されていて，それが大規模商人の成長に中心的な役割を果たしている。言い換えれば，幕藩体

制といえども自由度があり，商家の努力で革新できる余地があったのである。しかしながらこの部分については，必ずしも十分に説明されてきたとは言い難い。この部分を考慮せずに，日本流通の成長・発展過程を系統的に説明することは困難であろう。

　以上の議論を整理すると，現在の研究の現状として，商家経営の研究では，商家経営の中身に力点が置かれていて，流通面の研究が比較的希薄である。一方で，流通史に関しては，幕藩体制下での社会的分業を前提にした研究がすすめられて，小売商人主体の個別商家を対象とする研究が等閑に付されていたことが指摘できる。商家経営の全体像を把握するためには，両者の研究を統合して，商業の中で流通が果たす役割に注目し，今までの商業史研究を流通の視角から捉え直すことが必要であると考えられる。そこで本書では，統合的な視点に立ち，呉服小売商としての越後屋の仕入革新の過程を買宿制度を中心に取り上げて考察していくことにしよう。

第2節　越後屋の商家経営

　越後屋が成長する江戸時代前半期は，自給自足経済から商品経済へと移行し始め，大商家によるさまざまな革新的行動が発生し，流通取引制度の発展に大きな役割を果たすようになっていた。本書で説明する買宿制度も，こうした革新的行動の1つと位置づけることができる。越後屋の商家経営に関するこれまでの議論を整理すると，呉服小売商としての革新的とも言える活動内容として，組織，会計・帳簿，奉公人，流通といった側面に大別できる。そのため，これらの側面から研究の成果を検討していくことにしよう。

1.　組　　織

　中井（1966）は，越後屋の商家経営を組織から理解しようとしている。中井

(1966) は，営業組織について言及している。それによると，営業組織は，1700年代以降に形成され，京本店，江戸本店，大坂本店，江戸向店，江戸芝口店といったように多店舗展開が行われていたとする。そして，大元方で一元管理されており，それぞれの店舗の経営実態を把握することができるものであった。つまり，江戸時代の大規模商家の経営において成功に導くためには，京本店で一元管理する組織が有効であったということになろう。

この営業組織は，買宿に関して次の3点で機能するものであった。第1に，多店舗展開で販売する仕入量を確保するために，買宿は必要であった。第2に，大元方での一括管理によって，買宿で仕入れた商品を適切な販売網に送ることができた。また両替店も営んでいたために，商品の移動に伴う金銭の移動を無利子で送金することで，費用を低く抑えることができた。第3に，呉服店が多店舗展開を行っていたことから，呉服店一店舗が赤字を計上したとしても，全体として補填することができる体制を整えていたため，仕入面においても危険分散機能が働き，京本店で仕入量の配分の店舗間調整をすることができた。

2. 会計・帳簿

越後屋の商家経営を会計・帳簿から説明しようとしている研究がある。越後屋が帳簿を作るきっかけになったのは，初代三井高利の「各家の営業より生ずる総収入は，必ず一定の積立金を引去りたる後，始めて之を各家に分配すべし」[2]にあると言われている。図1-1は，江戸時代の商家の簿記について整理されたものである。小倉（1967）によると，宝永7（1710）年，大元方が成立した時，図1-2に示すような大元方勘定目録ができあがったとしている。これは，三井大元方の帳簿であり，貸借対照表や損益計算書に相当するものである。

帳簿組織の整備は，越後屋と買宿設置に関して次の2点で利点をもたらすものであった。

第1に，後述するが，越後屋では買宿に対する掟書に帳簿・報告書の提出を

第2節　越後屋の商家経営　15

図1-1　商家の帳簿

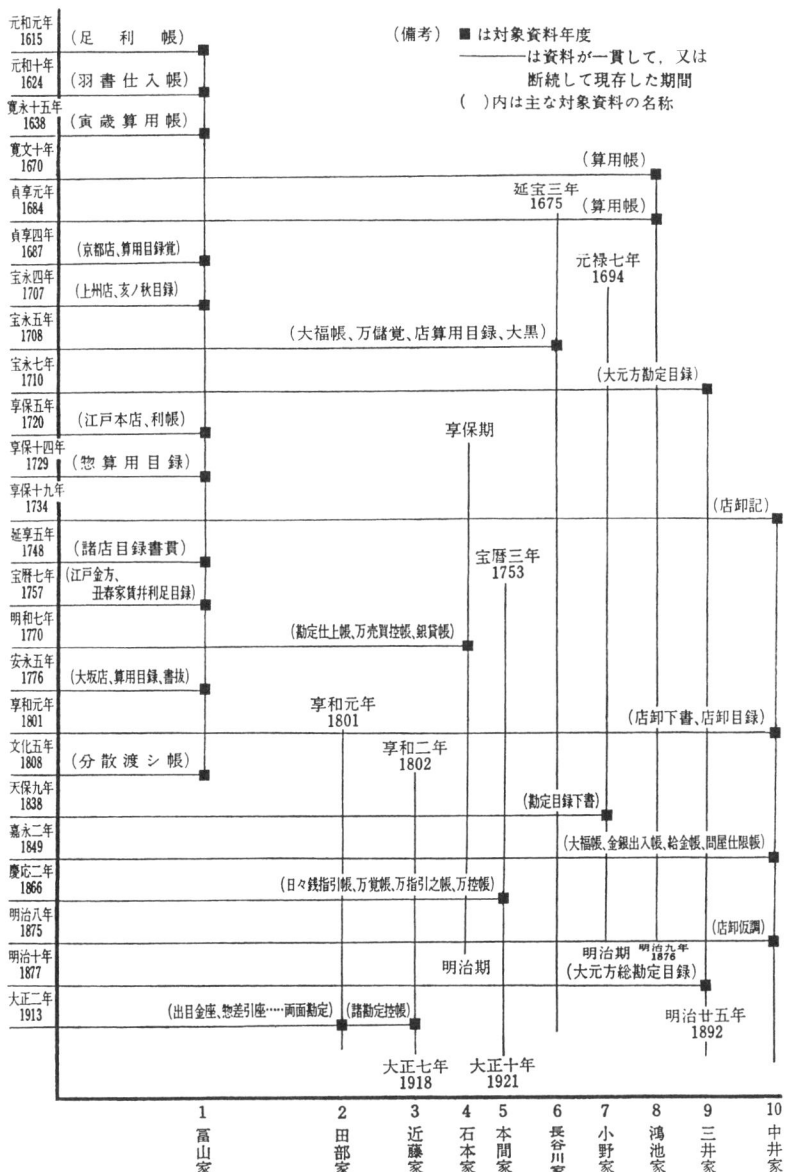

(出所)　河原(1977)。

図1-2 三井大元方の帳簿

(大元方開元目録) 期首貸借対照表

資産（建・建の外貸）	負債（内）
7,639 貫 546,836	1,530 貫 090,871
	正味（残而）
	5,109 貫 455,965

(金銀預り方・貸方) 期末貸借対照表

資産（建・その他）	負債（預り）
6,457 貫 796,327	1,523 貫 452,602
	期首正味（開元正有金銀）
欠損金（遺過）	5,109 貫 455,965
175 貫 112,240	
6,632 貫 908,567	6,632 貫 908,567

(入方覚・払方覚) 損益計算書

費用（有物ニ入・入用等）	収益（功納・宿代）
844 貫 452,983	699 貫 340,743
	欠損金
	175 貫 112,240
844 貫 452,983	

(元建差引) 期末正味身代計算（資本金 a/c）

当期欠損金（差引〆出過）	期首正味（寅正月元建）
175 貫 112,240	5,109 貫 455,965
期末正味（寅7月正有銀）	
4,934 貫 343,725	
5,109 貫 455,965	5,109 貫 455,965

(出所) 小倉（1967），p. 87。

義務づけており，買宿との取引は遠隔地取引であるにもかかわらず，帳簿の存在によって，越後屋は買宿の仕入商品名・仕入商品種類・取引先のみならず，1日の仕入高・仕入商品の数量・取引金額といった買宿の経営状態を数量的に把握することが可能になった。このように会計・帳簿の発達は，遠隔地である買宿との取引を，公正かつ円滑にするための手段としての機能を果たしたのである。

第2に，会計・帳簿が単式簿記であると売上高のみしか把握できず，たとえ売上高が上がっていても，欠損金があるかどうかまでは把握できなかった。複式帳簿の導入で，貸方・借方の両方を把握することが可能になった。これによって欠損金まで把握でき，欠損金なしで収益が伸びる方向で負債の状態が続かないように経常利益を上げ，常に商家として成長していく配慮が可能となった。

3. 奉公人

中井（1966），千本（1989a），千本（1989b），西坂（2006）は，越後屋の商家経営について，奉公人に着目している。中井（1966）は，雇用制度を取り上げ，子供，平役，上座，連役，役頭，組頭，支配，通勤支配，後見，名代，勘定名代，元方掛名代，加判名代，元〆，大元〆といった多くの職階が設けられていたと述べている。そして，1720年代まで年功序列による昇進，1730年代始めから組頭役までは年功序列制，中・上級役職は業績主義，ただし，組頭役までも業績主義を加味していたとしている。このように年功序列，業績主義がすでに江戸時代にみられる。

千本（1989b）によると，越後屋の奉公人制度において，大量採用と淘汰の仕組みが働いていたとしている。これは，西坂（2006）によって，図1-3のように数量的に示されている。他方で，千本（1989a）によると有能な奉公人に関しては，長期勤続を促す雇用管理施策として，昇進するにしたがって役料・十分の一褒美銀・元手銀などを増加させるといった優遇制度があったり，通勤支配人，宿持支配人という職階を設けていたり，別家相続も認められていて，現在の終身雇用制の原型がすでに江戸時代にみられるとしている。なお手代の報酬については，西坂（2006）によって図1-4に示されるように数量的に把握されている。

この奉公人制度は，越後屋と買宿の関係にも影響を与えた。すなわち階級制の採用は，奉公人の動機づけが高まるものであった。たとえ遠隔地である買宿に派遣されて厳しい勤務状況であっても，将来の可能性があるため，仕事に精

図1-3　京本店奉公人の勤続比率と昇進

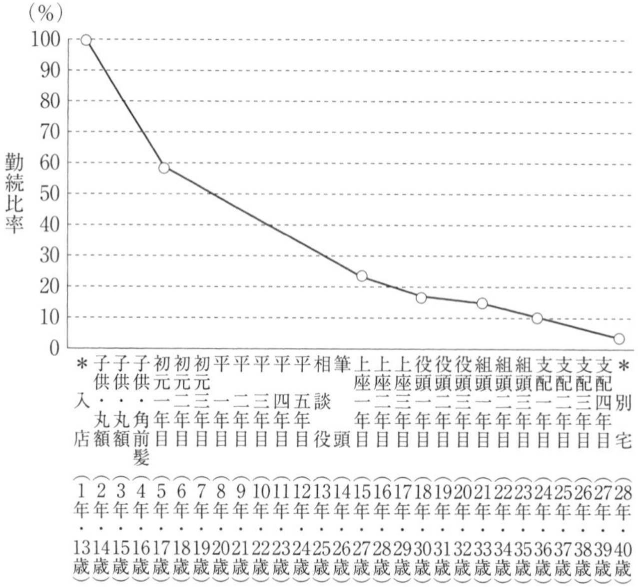
(%)
勤続比率
100
90
80
70
60
50
40
30
20
10
0
＊入店
子供・丸額
子供・丸額
子供・角前髪
初元一年目
初元二年目
初元三年目
平一年目
平二年目
平三年目
平四年目
平五年目
相談役
筆頭
上座一年目
上座二年目
上座三年目
役頭一年目
役頭二年目
役頭三年目
組頭一年目
組頭二年目
組頭三年目
支配一年目
支配二年目
支配三年目
支配四年目
＊別宅
1年・13歳
2年・14歳
3年・15歳
4年・16歳
5年・17歳
6年・18歳
7年・19歳
8年・20歳
9年・21歳
10年・22歳
11年・23歳
12年・24歳
13年・25歳
14年・26歳
15年・27歳
16年・28歳
17年・29歳
18年・30歳
19年・31歳
20年・32歳
21年・33歳
22年・34歳
23年・35歳
24年・36歳
25年・37歳
26年・38歳
27年・39歳
28年・40歳

（出所）　西坂（2006），p. 122。

励恪勤することができた。

4. 流　　通

流通の観点から，越後屋の商家経営を説明しようとする研究も存在する。まず安岡（1970），藤田（1977）は，越後屋の成長の原因を，販売革新から理解している。安岡（1970）によると当時既存の呉服商は，見世物商いと屋敷売りが主流で掛売りという支払形態をとっていたのに対し，越後屋は店前で現金で小売を行う店前売りを実施したとしている。同様に藤田（1977）も店前売りが画期的であったとしている。これらの研究では越後屋は販売革新を実施したので，成長へ導いたとしている。越後屋が販売革新で成長したのは1600年代のことであり，それ以降の商家としての成功要因についても，考察する必要があるだ

第 2 節　越後屋の商家経営　19

図 1-4　京本店手代が受け取る総銀額

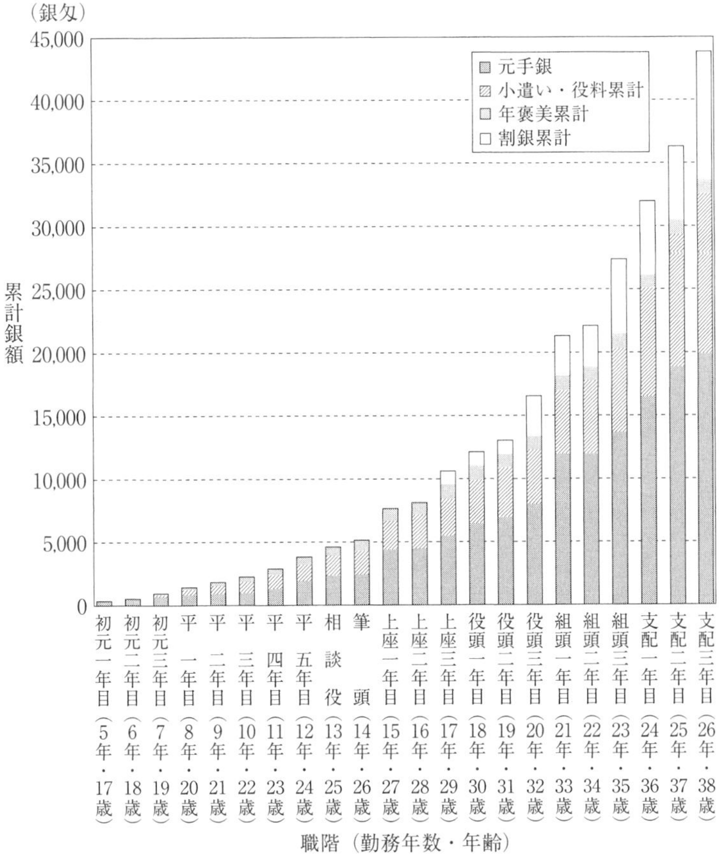

(出所)　西坂 (2006), p.177。

ろう。

次に, 卸売業者としての側面である。林 (1967) は, 幕藩体制と商品流通の関係について述べていて越後屋を呉服問屋として捉えている。

部分的に, 買宿制度についても言及がみられる。林 (1967) によると, 呉服問屋としての越後屋は, 買宿を産地に展開し, 上州 (藤岡, 桐生, 高崎, 富岡, 伊勢崎), 武州 (秩父, 小川, 吉田, 八幡山, 寄居, 渡瀬) に存在していたとして

いる。そして，越後屋，白木屋，大丸屋等の買宿を取り上げ，買宿の特徴として，次の3点をあげている。

まず1つ目は，呉服商と買宿との専属的関係についてである。越後屋は星野金左衛門，白木屋は諸星七左衛門，大丸屋は新井喜兵衛，戎屋は星野兵四郎，岩城升屋は吉田半兵衛といったように呉服商と買宿の専属的関係があり，それが世襲的であったことに触れている。

2つ目は，呉服商は買宿に，絹荷を積込む蔵の建造，補修等の資金の提供，財政難の場合の貸金といった金融機能を果たしていたと述べている。

3つ目として，呉服商と取引する買宿へ掟書を渡し，それを読み聞かせること，また違反した場合は，京都・江戸へ知らせることといった買宿に対する指示についても言及している。

また賀川（1985）は越後屋の買宿を取り上げ，買宿経営の実態は問屋制家内工業であり，伏機の製品一手販売の特約，道具，繰綿貸渡しを行っていたと述べている。そして越後屋は，買宿の問屋制家内工業の生産品を集荷していたとしている。

両者の研究に共通して言えるのは，あくまで幕藩体制下における問屋としての卸売商人の活動の一環として買宿が位置づけられていることである。しかし流通の担い手は，卸売業者ばかりではない。それでは，大規模商人の調達活動の一側面しか捉えられていない。流通の担い手を問屋でなく小売商人主体で捉え直すことによって，大規模商人の流通活動を包括的に把握することができるのである。

以上から，既存研究においては，組織，会計・帳簿，奉公人の商家経営の革新的側面を見出し得るが，流通に関しては十分に解明されているとは言い難い。そこで本書では，こうした既存研究で言及された買宿制度をさらに解明するために，大規模小売商の視角から捉えた買宿設置の積極的な意味づけに焦点を当てたい。とりわけ買宿に対する管理や支援・制裁に関わる制度に注目し，越後屋が買宿制度の確立を通じて成長し，地位を維持するためのその過程に重点をおいて研究を行うものである。そうすることで，江戸時代の流通機構の動態的

発展過程の全体像が明らかになると考えるからである。

（1） 家訓が発展し，家法となる。(宮本（1979），p. 45。)
（2） 宮本（1941），p. 257。

第2章 越後屋の販売革新と成長
―― 1600年代の成長戦略 ――

【三井高利夫妻】越後屋の初代経営者三井高利と妻寿讃。延宝元（1673）年の創業以来，現在までその経営は継続している。

（資料）三井記念美術館蔵。

第1節　江戸時代の市場環境の変化と経済発展

江戸時代の経済成長は，図2-1に示される通りである。図2-1から，江戸時代の1700年代は成長傾向を示していて，1800年代に高い経済成長を示していることが読み取れよう。このことから，江戸時代は，長期的にみて発展の趨勢を辿っていることがうかがえる。越後屋が商家として成長するのは，まさしくこの時期においてである。

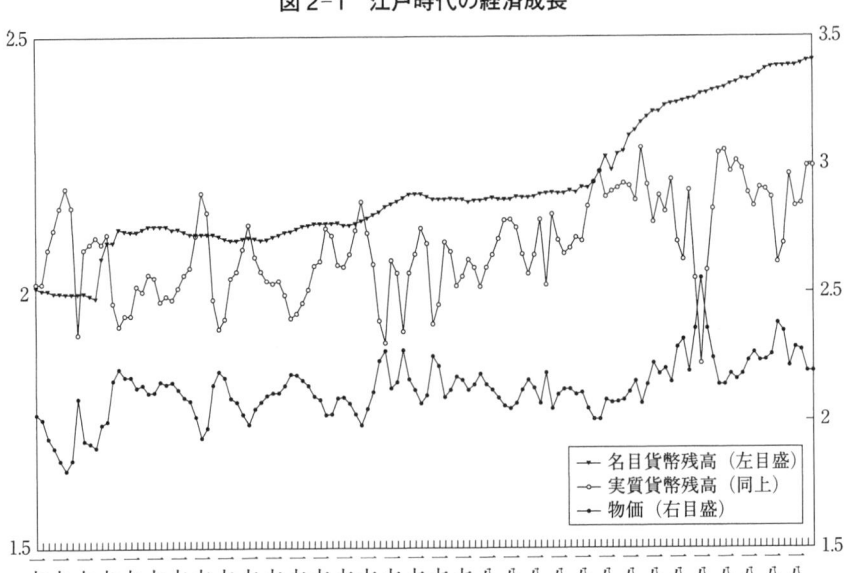

図2-1　江戸時代の経済成長

(資料・明石茂生「近世後期経済における貨幣，物価，成長—1725〜1856」。目盛は1725年を100とした指数の対数目盛り。)
(出所)　岡崎 (1999), p. 35。

第2節　越後屋の販売革新[1]

　江戸時代初期は，表2-1に示されるような呉服師が市場を独占していた。呉服師が，大名・武士等特権階級に屋敷売り，見世物商いを行い，支払いは掛け値で行われていた。呉服師の販売方法の特色は，特定の大名には特定の呉服師がついていて，特定の顧客と信頼関係がなければ商品は販売されないというものであった。

　一方で，江戸市場に大名・武士等特権階級の人口が集中するようになり，これに伴って呉服の需要も増大していった。三井高利は，この需要増大の機会を掴むため，先述の通り延宝元（1673）年，江戸本町一丁目に間口9尺，次男高富，三男高治，手代5～6人，子供2人，裏店男1～2人からなる呉服商を開業した。

　これに先立って，江戸で呉服店を構えていた兄の店を手伝っていた経験があり，江戸での商いは容易ではないことを学習していた。それゆえ，既存の呉服商とは異質な販売方法を模索していくのである。その時に三井高利が注目したのが，呉服商の顧客が固定化していて，それ以外の顧客が利用しがたいということである。そこでそれ以外の顧客層に照準を当てることによって，活路を見出し存続の途を志向していったのである。つまり大名・武士等特権階級の市場を切り分けて，屋敷売りの販売の対象にならない不特定多数の顧客層を切り取って，その層を販売の対象としたのである。この新しい顧客層を開拓するために，正札現金掛値なし，切り売りといった販売革新を打ち出して，需要拡大を目指していった。この販売革新が先発の呉服師と決定的に異なっていたのは，呉服師の場合，特定の得意客のみを対象としていたので市場が極めて限定されていたのに対して，後発の越後屋の場合，大名・武士等特権階級の中でも屋敷売りの対象とならない不特定多数の顧客を対象としたもので市場に広がりがあったことである。

表2-1 江戸時代の代表的呉服師

呉服師名	所在地	得意先
西野や四郎右衛門 きはたや左兵衛	両替町夷川上ル町 衣棚椹木町下ル町	甲府宰相
茶屋小四郎	出水通堀川角	紀伊中納言
茶や甚四郎	出水ほり川東へ入町	松平左京太夫
和泉や新右衛門	室町通道場の町	水戸宰相
松葉や加兵衛	中立売室町西へ入町	松平讃岐守
田屋利兵衛 松屋藤右衛門 鹽瀬九郎右衛門 黒川平兵衛	油小路下立売上町 中立売室町西へ入町 三條烏丸東へ入町 新在家南町	松平越前守
くれないや仁兵衛	烏丸竹屋町上ル町	松平中務太夫
端六郎吉	中立売新町西へ入町	松平出羽守
端左兵衛	下立売新町西へ入町	松平大和守
銭屋善七	室町二條上ル町	松平若狭守
大森三郎兵衛 菱や次郎兵衛 桔梗や七右衛門	新町今出川上ル町 小川中立売上ル町 下立売衣棚角	松平加賀守
藤井長左衛門	中立売烏丸	松平飛騨守
糸屋平右衛門 大文字や宇右衛門	両替町 下長者町新町西へ入町	松平陸奥守
笹や半四郎	室町二條上ル町	伊達遠江守
井上九兵衛 石井紹楽	高倉竹屋町上ル町 新在家	細川越中守
大文字や五兵衛	上立売室町西へ入町	松平右衛門佐
那波や三右衛門	室町二條上ル町	松平安芸守
椿屋伊兵衛	烏丸綾小路下町	浅野内匠頭
大文字や市兵衛	川原町三條上ル二町目	松平長門守
原田新三郎	四条立売	松平丹後守
堂屋太郎兵衛 川瀬半左衛門	中立売室町西へ入町 油小路出水上ル町	松平相模守

小堀屋久左衛門	衣棚丸太町上ル町	松平伊予守
菱や長兵衛 菱や善兵衛	中立売小川	藤堂和泉守
鶴や清兵衛 唐物や利兵衛	油小路下立売上町 室町夷川角	井伊掃部頭
鶴屋彦右衛門	下立売小川角	井伊伯耆守
唐物や利兵衛 桔梗や又作 大文字や権兵衛 亀や四郎左衛門	室町夷川角 下立売小川西へ入町 西洞院下立売下ル町 室町下立売下ル町	松平淡路守
鍵屋八郎右衛門	室町三條上ル町	保科肥後守

(出所) 孤松子編 (1968), pp. 183-202 より抜粋。

　このうち正札現金掛値なしという販売方法は，次の2点で画期的なものであった。第1に，当時の呉服商は定価表示をしていなかった。そのため，呉服商の方が顧客に合わせて価格を変更することができた。それに対して越後屋では，あらゆる顧客層に対して同一価格を打ち出した。この画期的な方法が，新しい顧客層に受け入れられていくことになる。第2に，当時の呉服商では，掛け値で販売するのが一般的であった。しかし，一方の越後屋では掛け値なしという販売方法を打ち出し，新しい顧客層を引きつけていった。そして切り売りは，反物単位でなく少量で販売するということが，なお一層顧客を引き付ける大きな要因となった。

　このような画期的な販売方法を導入することによって，延宝4 (1676) 年，江戸本町2丁目に呉服店を開き，天和3 (1683) 年には江戸本町1丁目店を駿河町に移転し，貞享2 (1685) 年に江戸呉服店の売場面積を拡張するという拡大戦略を志向していった。なお，この時に呉服店に併設して三井両替店を設置したことで，呉服の売上代金等の京都への為替送金を容易にし，越後屋の呉服経営を支えていった。そして貞享3 (1686) 年，京都の両替店を新町通六角下ルに開業し，元禄4 (1691) 年に高麗橋1丁目に大坂両替店を設置して，3都

市の両替店のネットワークが整った[2]。

以上のように,販売戦略が功を奏し,延宝2(1674)年の売上高が260-270貫目であったのが,延宝8(1680)年には800-900貫目に,天和3(1683)年には,約1,340貫目に上昇し販売量を拡大させる[3]。

さらに三井高利は販売戦略を強化する方針を打ち出し,次に示すような引き札を配付し販売を訴求した。

引き札(天和3(1683)年)

駿河町越後屋八郎右衛門申上候,今度私工夫を以呉服物何に不依格別下直ニ売出し申候間,私店江御出御買可被下候,何方様江も為持遣候儀ハ不仕候,尤手前割合勘定を以売出し候上は,壱銭にても空直不申上候間,御直き利被遊候而も負ハ無御座候,勿論代物は即座ニ御払可被下候,一銭にても延金ニハ不仕候,以上

　　呉服物現金　　　　　　　　　　　　駿河町弐丁目
　　安売無掛直　　　　　　　　　　　　越後屋八郎右衛門[4]

この引き札は,呉服物安売りを全面に打ち出した広告であり,支払いは現金で延金はしないということを江戸の消費者に向けて知らしめた。これによって,顧客の来店を促すとともに,越後屋の知名度をさらに向上させようとしたのである。

越後屋は当初,業界地位から言うと支配的ではなかった。しかし,「越前様買物使縮緬数物,呉服所松屋方へ御申付候処,直段高直之由にて吟味役此方へ被参,此方にて縮綿不残越前様へ売申候,此商ニハ入組候品在之,松屋方より致立服,本町仲ケ間を発し申候,一門之店を始,本町石丁四丁目呉服店の者とも,兼而ゟ偏執に存いつかたも取引相止壱人仲ケ間はつれに成,色々詫言致候へとも承引不致候事」[5]と,越前様は呉服所松屋へ縮緬を注文したが,あまりに高価なので越後屋に頼み込んできたので注文数すべてを販売したが,それによって呉服問屋仲間との取引を差し止められるといういやがらせをされた。

このように，販売革新によって新しい顧客層を取り込み成長していくとともに，松屋という呉服師の顧客にも普及していった。そして富裕層をも取り込んで，既存の呉服商の市場を浸食していったのである。越後屋に脅威を感じて，既存の呉服商から「仲ケ間はつれ」にされ妨害を受ける。このことからも，新興勢力としての越後屋の力が強かったということが明らかとなる[6]。

 さらに販売革新の成功によって元禄4（1691）年，大坂高麗橋1丁目に呉服店を開業し，分散する大都市の顧客を吸引しようとした（資料2-1）。ここに小売商の行商活動，分散性が少なくなり，越後屋の販売量がより拡大していく

表2-2　元禄期の主要呉服商

呉服商名	本店所在地
小林久右衛門	京室町六角下
山村吉右衛門	圓福寺前
松屋八郎右衛門	同
小野田治左衛門	同御池
三井三郎左衛門	同御池町
櫻井市兵衛	同鏡屋町
津久井太郎右衛門	東洞院三條下
松屋彌兵衛	三條セトモノ町
壺屋長右衛門	室町三條下
橘屋七左衛門	
伊豆蔵五兵衛	圓福寺町
富山喜左衛門	御池
三井八郎右衛門	同薬師町
いゑき	同
松屋三郎右衛門	同二條上ル
萬屋市左衛門	道修町
白木屋彦太郎	堺町二條上ル

注：これらの呉服商は，京本店より江戸本町に出店している。

（出所）　斎藤（1935），p.91より作成。

資料2-1 大坂店の外観

（資料）三井文庫蔵。

のである。

　さて，元禄期（1688-1704年）になると，越後屋は家城，大黒屋，伊豆蔵とならんで元禄の4大呉服商と言われるほどになり，それ以外に越後屋の正札現金掛値なしという販売方法に追随した呉服商が頭角を現してきて，呉服師を凌駕して市場において支配的な地位を占めるようになる（表2-2）。これらの呉服商は拡大する需要に対応するため，仕入面での対応を模索することになる。

第3節　越後屋の京都仕入店

　前節でみたような販売戦略に合わせた販売量を支えたのが，京都仕入店である。これは延宝元（1673）年，京都室町通蛸薬師町に間口8尺で，奉公人は高

平，高伴，手代吉右衛門，撰糸買喜右衛門，際物や市郎右衛門，その他手代1人，子供2人，男1人で，10人程度の仕入店を設置し，調達量を確保していった。この京都仕入店では，熟練の職人によって織られた商品を取り扱っていた。その後手狭になったので，延宝4（1676）年，近隣に間口3間の店舗を借りて移り，間もなく隣に間口4間一尺余，奥行き15間の家屋敷を購入して移転する。この時西陣にはまだ撰糸類(せんしるい)の仲買仲間がなかったので，抵抗する根拠がはっきりしない段階で仕入先を確保することができたのである。しかしその勢いは西陣の既存の仲買の権利を侵食するほどにもなり，享保16（1731）年，越後屋，後述する大丸屋，いとう松坂屋といった呉服商の仕入店に対する対抗策として，撰糸類の仲買仲間を後から結成していくこととなる[7]。

さらに京都仕入店では天和元（1681）年，撰糸類の直買特権をもつ田宮喜右衛門の店を買収して既存の権利を譲り受け三井喜右衛門に変更して貞享2（1685）年には寺ノ内通新猪熊町東へ入ル北側に移転し上之店(かみのだな)とした[8]。既存の仲買を内部化することによって，仲買の織元から優先的に撰糸類の供給を得ることが可能になった。京都仕入店の上之店からの仕入比率，すなわち直買比率は，宝永7（1710）年に14.7％，寛保3（1743）年に21.4％で[9]，その比率が低い理由として，次の2点が指摘できる。第1点として，直買できたのは西陣物の中でも撰糸類に限定されていたことである。第2点として，直買を行った分だけ既存の仲買からの抵抗があったことにある。仲買と敵対すると，西陣に出入りできなくなるので，仲買の抵抗も考えて直買の量を多くすることを避けた。つまり，直買の比率を多くしないという戦略が賢明であったということである。京都仕入店は仕入先に上之店だけでなく，大規模から中小の仲買まで有していたことから[10]，商品を量的に確保するためには多様な仕入先をもつことは有利であると推察される。

第4節　富裕層の強化と長崎仕入れの整備

　三井高治（三代目八郎右衛門）は，前述したように，呉服師の顧客であった富裕層をも販売の対象になってきたことに着目して，顧客層の拡大，すなわち，より富裕層の取り込みに力を入れていった。これに伴って，長崎の仕入機構を整備し長崎仕入れを強化していった。なぜなら長崎では中国との貿易を通じて，シルクロードの龍紋，緋紗綾（ひさあや）といった高級舶来織物類が輸入できたからである。

　従来越後屋は，中国からの唐物は京都の長崎問屋を経由して調達していた。こういった中で，越後屋では宝永7（1710）年，糸割符仲間に入り長崎方を設置した。すなわち，従前の京都の長崎問屋を排除して長崎の唐物の直接落札に乗り出していった。この時の史料を次に示す。

長崎向式法 (11)

一, 御公儀様諸事御法度相守可申候, 尤時々御触委細ニ留置相守可申候
一, 本唐異国ニ大変有之候歟, 又者長崎表商売仕方変易有之候者, 仕立飛脚を以早速注進可仕候事
一, 於長崎召抱候者又者年中雇候者, 請人立させ證文取置可申事
一, 博奕遊女狂仕間敷候, 別而博奕之儀者, 御公儀様御法度ニ而候条一銭之勝負堅仕間鋪候
一, 家内ニ而ハ不及申, 先々江参何程無拠儀有之候共, 大酒堅無用ニ候, 必悪事之元ニ而候, 此儀専一慎可申事
一, 不断守倹約可申候, 尤衣類ハ布高宮木綿布子着可申候, 併表向相勤候節者, 常晒紬類等着用可仕事
一, 金銀之儀者不及申, 其外如何様之筋ニ而頼来候共, 請負口合等堅仕間敷候
一, 長崎表ハ他国与違, 抜荷与申悪事有之候, 勿論糸年寄衆江證文差出置申事ニ候間, 御割付入札之外一切買申間鋪候, 万一少之物ニ而茂紛敷代物買取候者,

第4節　富裕層の強化と長崎仕入れの整備

　此儀第一之越度可申付候事
一，前々ゟ家内式法之通，私之売買毛頭仕間敷候，尤長崎之儀者，遠方ニ候故，程過候而少之事ニ而茂相聞得候者，縦旧切有之候共，急度越度可申付事
一，長崎表之儀者，漸一両人ニ而相勤候間，随分諸事ニ気を付相励可申候，尤頭分之者申付候儀，無違背様ニ可仕候，万一不宜品有之候者，互ニ示合納得為致可申候，其上ニ而相止〆不申次第ニ募申訳ニ候者，早速京都江可申越候
一，長崎表買物之儀，大切成場所ニ候間，至極者満利強ヶ心掛ヶ入札等可仕候，尤毎年京都出足前立会相談之上有増年中之思入示合大辻右之通心得可申候，併長崎之儀者，時々様子替り申儀有之候間，此儀能々相考可申候，勿論毎年買物銀高相極メ申渡候間此余堅ヶ無用可仕候，若又相場高直ニ而思入無之節者，縦年中一銭之買物不仕候共，少茂越度無之候，此儀能々相心得可申候
一，唐船差出荷役幷落札之写，且又彼地相場代物之様子等，便リ次第毎日可申登候
一，不寄誰ニ法式之通相守実躰ニ相勤候者ハ，何分ニ茂為致立身可申事
　右之通急度相守可申候以上
　　　　　　　宝永六己丑年五月廿七日京出立
　　　　　　　　　　　　　　　　森田儀右衛門（印）
　　　　　　　　　　　　　　　　小堀清兵衛　（印）
　　　　　　　宝永七年寅五月廿三日京出立
　　　　　　　　　　　　　　　　森田儀右衛門（印）
　　　　　　　　　　　　　　　　有賀庄介　　（印）
　　　　　　　宝永八年卯二月十九日京出立
　　　　　　　　　　　　　　　　小堀清兵衛　（印）
　　　　　　　正徳元年卯六月十七日京出立　森田儀右衛門（印）
　　　　　　　正徳二年辰六月廿三日京出足　森田儀右衛門（印）
　　　　　　　　　　　　　　　　中冨嘉右衛門（印）
　　　　　　　　正徳三年己此年休下リ不申候，

この文書では，公私とも家内の式法を守り勤めることはもちろんであるが，取扱品は貿易品が主であるので，抜荷品に注意を払わなければならないこと，取引は割付入札以外はしてはならないこと，紛らわしい品には手を出さないこと，長崎の買物は高級品なので心して勤め，入札しなければならぬこと等が定められている。

長崎において糸割符仲間に加入し買付けを行った結果，高級舶来織物類の品揃えを強化することによって，富裕層の購買力を喚起させ，その取り込みに成功して，顧客層の拡大を実現させていったのである。

（1） 本書で，越後屋についての記述は，財団法人三井文庫編（1980a），株式会社三越編（2005），中田（1959）に依るところが大きい。
（2） 三井銀行八十年史編纂委員会編（1957），pp. 10-11。これが，明治9（1876）年創業の三井銀行の発端である。
（3） 中田（1959），p. 117。天和3（1683）年のデータは，上半期を2倍したものである。
（4） 財団法人三井文庫編（1980a），p. 33。
（5） 「商売記」（三井文庫所蔵史料 北3-5）。
（6） 越後屋の革新的商法にいとう松坂屋，大丸屋，白木屋等が追随行動をとったので，これらの呉服商は，後に新興呉服商と総称されるようになる。
（7） 京都市編（1972），p. 158。
（8） 財団法人三井文庫編（1980a），pp. 36-37。
（9） 財団法人三井文庫編（1980a），p. 61。
（10） 「目録帳」（三井文庫所蔵史料 本1747）。
（11） 「長崎向式法」（三井文庫所蔵史料 本968）。

第3章 越後屋の顧客層の拡大と買宿制度

―― 1700年代以降の成長戦略 ――

【絹の運送手段】絹は高価であったので,船路ではなく陸路の飛脚便にて搬送されていたと言われる。嶋屋,京屋は,大規模な飛脚問屋である。

(資料)「諸国道中商人鑑」三井文庫蔵。

第1節　卸売商支配による商品流通の萌芽

　江戸に大消費地が形成されたが，生産機構が歴史的に形成されていなかったので，江戸で商品を調達することは困難であった。一方京都の西陣織物を始めとして，さまざまな工芸技術が畿内を中心に発達していた。江戸への消費者の欲求を充足するために，生活に必要な商品が大坂を経由して江戸へと流出したので，大坂が経済上優越する1つの条件となっていた。とりわけ生産地と消費地は孤立的で相互依存関係がなかったので，問屋が重要な役割を果たし，社会的分業が成立していった。そのうち江戸十組問屋は元禄7（1694）年に菱垣廻船による大坂下り荷物を扱う問屋仲間として組織され，大坂から江戸へ生活物資を輸送していった。これが大坂から江戸へ生活物資を輸送する主要な物流経路となり，問屋が生産と消費の間に介在し社会的収束点になることで，商品取引を促していったのである。

　なお，表3-1は大坂における問屋を整理したものである。これによると，各種商品において，問屋を介した流通機構が形成されていたことがうかがえる。

　江戸への生活物資の輸送以外の商品取引は，基本的には藩内取引であった。そして，各藩は原則として自給自足で経済的に独立しており，江戸幕府がそれらの藩を統轄していた。江戸幕府は各藩の統轄を維持するために，参勤交代制度を採用した。しかし参勤交代のための費用が多大であったため，貨幣の藩外流出を避けて藩内で生活物資を調達し，商品取引が藩内で完結するよう配慮して貨幣の藩外流出を防ごうとしていた。

　そうした中で各藩の収入源として考えられたのが国産奨励[1]である。これは各藩がその地域特有の生産物の開発・販売に乗り出すというものである。各地の特産物を開発してそれを全国に販売して，つまり藩外販売により得た収益を参勤交代の費用に回すということが行われた。この特産品は藩外での交換を目的として作られた商品であり，特産品開発に当たっての大事な点は，特定の

第1節　卸売商支配による商品流通の萌芽　37

表3-1　大坂における問屋　(問屋以外のものを含む)

業種	問屋名	延宝年間	正徳年間	業種	問屋名	延宝年間	正徳年間
廻船	大阪菱垣廻船問屋	3	10	鉱工	丹座製法人		7
	江戸大廻樽船問屋	4	5		江戸積釘問屋		16
	堺・大坂・長崎				刀脇差小道具問屋		5
	廻船荷物積問屋		3		秋田銅鉛問屋	7	6
両替	本　両　替	(10)	24		鉄はがね問屋	7	10
	両替総仲間		660		大工道具問屋		6
	南両替惣組合		100		小刀庖丁問屋	(2)	24
	三郷総銭屋組合		300		砥石問屋	2	7
	米売買遣繰両替株		70		石灰問屋並に		
米	下米問屋組合		6		薬灰問屋	3	50
	京積俵物買問屋		34		算盤問屋		?
綿糸布	唐巻物反物問屋		5		瀬戸物問屋	(6)	6
	毛綿問屋	8	18		備前焼物問屋	2	1
	木綿問屋	17	9		江戸積塗物問屋		5
	江戸積毛綿問屋		3		仏具屋		5
	繰綿屋問屋		250		丹波摺鉢問屋		1
	北国布問屋	(11)	6		諸国石問屋		6
	紀州総(綜)問屋		3		武具馬具屋		8
油菜種	江戸積油問屋		6	材木	阿波材木問屋	2	6
	京積油問屋		3		日向〃		4
	油粕問屋		25		北国〃	2	4
	菜種子問屋		306		秋田〃		2
農産その加工	諸国蠟問屋	9	12		尾張〃	4	3
	苧問屋		3		土佐〃	6	5
	江戸積蠟燭問屋		34		同酒桶類天井板		
	丹波播磨畳問屋		3		杉木問屋		8
	漆問屋		2	薪炭竹	土佐薪問屋		5
	煎茶問屋	15	64		熊野薪問屋	}27	6
	多葉粉問屋	11	32		諸国〃		6
	紀州綱問屋		3		諸国炭問屋	10	17
	備後畳表問屋	2	13		竹問屋	(1)	4
	藍玉問屋	3	9	水産	北国干物問屋	4	8
	ぬか問屋	3	8		鯨油壱岐平戸呼子	1	8
	鳥問屋	3	2		すじ油ひげ油問屋		
	玉子問屋		8		諸国塩問屋	7	
	青物屋仲間		100		生魚問屋	16	28
	八百屋物問屋	20	43		塩魚干魚問屋	19	25
	諸国藍問屋		18		熨斗問屋	3	4
紙	諸紙問屋	24	25		鰹節問屋	4	7
	大和紙問屋		3		川魚問屋		5
	紙問屋諸蔵				干鰯問屋	2	?
	立会組頭		39		唐和薬種問屋		208
酒	酒造類株		636		国問屋	6	1,851
	江戸積酒屋の分	1	17		同船宿		329
					計		5,626以上

注：(　)は，同業種であって名称の一致しないもの。
(出所)　大阪経済史料集成刊行委員会編 (1974), p.481。

地域でしか作れない商品を開発することであった。江戸時代の代表的な特産品は、表3-2に示される通りである。これらの特産品を開発・販売して、藩外取引していたのである。そして藩と藩の取引の結節点は大坂にあり、日本全国からいったん大坂に商品が集中して、そこから全国へ売買されていった。つまり、この特産品の販売を大坂商人（問屋）に委ねたのである。

以上のように、問屋が社会的分業を統合することによって、一部の商品において商品流通がみられる。

とりわけ呉服の流通機構は、次のような特徴があった[2]。第1に、生産が家内工業的であるため、生産者が小規模・多数存在していて、そのうえ、生産地と消費地の距離が離れているので、荷受問屋といった特別な卸売商が古くから

表3-2　江戸時代の代表的な特産品

畿　内	山城の西陣織・友禅染・清水焼・宇治茶、大和の奈良晒・奈良漬・油煙墨・吉野葛・吉野紙、河内の木綿・道明寺糒、和泉堺の庖丁、摂津の池田炭・伊丹酒・御影石
東海道	伊賀の伊賀焼、伊勢の万古焼・津縬子織、尾張の七宝焼・瀬戸焼・鳴海紋・名古屋扇、三河の雲母・木綿・岡崎味噌、遠江の石脳油、駿河の竹細工・半紙、甲斐の甲斐絹・水晶、伊豆の八丈絹、相模の湯本細工・透頂香、武蔵の江戸錦絵・品川海苔・秩父絹、下総の結城縞・銚子縞
東山道	近江の長浜縮緬・高島布・蚊帳・信楽焼、美濃の紙、飛騨の檜楮細工、信濃の蠶生糸、上野の生糸、下野の足利絹・足尾銅、奥州の会津漆・会津蝋燭・信夫摺・仙台平、名取川の埋木・津軽塗、出羽の米沢織・最上紅花
北陸道	若狭の小浜酒・若狭塗、越前の奉書・鳥子紙・奉書織・雲月、加賀の加賀絹・笠・九谷焼、能登の輪島塗、越中の富山反魂丹・高岡銅器、越前の越後縮・石脳油、佐渡の金銀
山陰道	丹波の煙草、但馬の金銀・石材・柳行李・因幡の海素麺、伯耆の鉄、出雲の鉄・和布、石見の銀・鉄及び半紙
山陽道	播磨の赤穂藍・龍野醤油・明石縮、備前の備前焼・長船刀剣、備中の紙、備後の畳、長門の結鹿子・素麺・赤間硯
南海道	筑前の博多織、筑後の久留米絣、豊前の小倉織、肥前の今利焼・長崎木綿、大隅の国府煙草、薩摩の煙草・薩摩焼、対馬の人参

（出所）　宮本（1943），pp. 150-151より作成。

発達していた。第2に，呉服は最終的に商品に至るまでの生産工程がたくさんあり，その工程の随所にさまざまな卸売商が介在し，そのやりとりを差配していた。第3に，呉服は高級品なので，卸売商が生産から販売までの期間が長く，その間資金融通のため金融機能を果たしており，その役割を通じて生産者を統制していた。

このように呉服は卸売商の介在余地が多く，その支配が強かった。それゆえに，小規模な各地の生産者を既存の卸売商が掌握し，固定的・閉鎖的・多段階流通機構ができあがっていた。

こうした状況において，仕入面での対応については，次の3つに類型化することができよう。

(1) 越後屋に代表される産地の有力商人と共同革新して買宿制度(かいやどせいど)を導入・活用して後方系列化して流通過程を確保した呉服商
(2) 大黒屋のような，単独で仕入革新をおこし直営で産地進出した呉服商
(3) 消費地問屋，産地問屋といった市場取引によって商品調達した呉服商

これら3つの選択肢の中で，経営判断の相違が競争力を分ける分水嶺となっていくのである。そして江戸時代における商家の経営上合理的な選択肢は，第1の類型である買宿制度による後方系列化にある。

すなわち越後屋の仕入機構が革新的なのは，この卸売支配の強い流通機構を打破して買宿制度という独自の仕入機構を切り開いていったところにある。つまり，藩内取引を超えて産地開拓に乗り出して，全国に調達網を構築・維持していったのである。このように，貨幣を媒介とした交換の範囲が，越後屋のような大規模呉服小売商の活動によって広域的に拡大されていったのである。

第2節　生産者の一般的状況

呉服の流通機構を考察するには，まず，産地の生産状況を把握する必要がある。当時の産地の生産者の状況は，次に示すように，天保5(1834)年の「不

用書もの」⁽³⁾よりうかがうことができる。

　機屋　小右衛門
　　巳九月十日　　一，花色絹壱疋　　　下谷村　兵左衛門
　　巳十月廿九日　一，御納戸無地壱疋　同村　　佐助
　　巳十一月廿日　一，同　　壱疋　　　同村　　兵助
　　巳十二月十日　一，花色絹壱疋　　　同村　　元四郎
　　　　　　　〆尺巾物四疋
　機屋　友八
　　巳十月十六日　一，黒八丈尺巾壱疋　　上谷村　政右衛門
　　同日　　　　　一，黒八丈八寸巾無地壱疋　　同人
　　同日　　　　　一，同　壱疋　　　　相州津久井縣志野村
　　　　　　　　　　　　　　　　　　　　　　　善五郎
　　同日　　　　　一，同尺八丈尺巾壱疋　上谷村　政右衛門
　　巳十一月六日　一，縞八丈尺巾壱疋　　　　　佐次右衛門
　　　　　　　　　一，黒尺巾壱疋　　　　　　　同人
　　　　　　　〆尺巾四疋
　　　　　　　　八寸巾弐疋

　例えば，機屋小右衛門では，9月10日，10月29日，11月20日，12月10日に，それぞれ花色絹，御納戸無地，御納戸無地，花色絹を壱疋ずつ産出している。すなわち，個々の生産者が小規模で手作業の少量生産を行っているという生産者の規模・生産状況が確認できる。つまり個々の生産が家内工業的で，織物類の生産量は極めて限定的な手工業生産をしていたことがうかがえる。このような生産状況の中で，呉服小売商としての越後屋が小規模零細な生産者から絹織物を，直接買い集めるには多大な時間と費用を必要とした。他方で，呉服店として経営を維持するためには，需要量に見合う商品を確保していくことが求められた。そこで産地開拓に乗り出し，独自の仕入経路を探索していった

のである。

第3節　仕入革新の重要性

　呉服師の伝統的な仕入経路は，図3-1にみられる通り，基本的には近隣の消費地問屋から仕入れていた。一方で当時の越後屋の仕入機構は，商品を京都仕入店，長崎経路，消費地問屋に主として委ねていた。これらの仕入経路を利用することで，仕入量を確保していった。しかし呉服小売商として規模が拡大するにつれ，伝統的な仕入経路のみを利用をするには，次のような問題が顕在化してくる。

　第1に，この仕入経路は，先発の呉服商である呉服師に抑えられていて，後発の越後屋が優先的な供給を受けることができなかったことである。また既存の呉服商と同じ流通経路を利用する限り調達量に限界があり，呉服小売商として大きな成長が見込めなかった。前述のように当時の各産地の生産量は比較的小規模であり，そのうえ，天候的理由による生産量の変動も避けられない状況であった。大量販売を志向する越後屋が，こうした量的危険を回避するためには，仕入先の拡大は不可欠であったと言えよう。

　第2に，織物類は当時の生産方法の水準では，織りむら等の品質の不均質は避けられなかったことがある。それゆえ，不良品を大量に仕入れることによる損失危険を最小限に抑えるためにも，呉服の仕入れ担当者の鑑識眼の重要性は言うに及ばず，細かい点検の眼を直接産地に光らせる必要があった。

　第3に，消費地問屋を通じて商品を仕入れると，既存の呉服商と横並びの仕

図3-1　呉服師の仕入機構

消費地問屋　→　呉服師

入価格になり，競争力を発揮できなかった。そのためにも，大量に商品を調達する新しい仕入れの仕組みの構築が求められてきたのである。

これら3つの理由から，旧来の取引慣行のもとでは，呉服小売商として成長することは容易ではなかった。問屋に依存した仕入れの仕組みを脱却しない限り，量的にも質的にも大きな成長は見込めなかった。それに伴って，調達面での変革の重要性が増大していくのである。

打開の糸口を求めて，越後屋では新興の産地開拓に軸足を移すことで，需給が逼迫した場合でも対応できる安定的な供給体制を整備していったのである。この新興の産地にも進出していく際に最大の障害になったのが，卸売商支配の流通機構が形成されていたことである。新興の産地は絹物の生産者が小規模・零細で地域的に分散していて，産地商人が産地の権益を押さえていたのである。新興の産地の中にはすでに産地の卸売商人に囲い込まれていて，進出できない地域もあった。例えば河内地方においては，前貸金を渡して買付けているので，生産段階ですでに買手が決まっており，越後屋が進出する余地はなかった[4]。同様に真岡も進出困難であった[5]。

卸売商支配の産地は，産地商人による囲い込みが強くてなかなか進出しにくく，この状態を切り崩すことが先決であった。このような状態を打破するため，図3-2に示されるように，越後屋では競合呉服商に先駆けて仕入革新，すなわち買宿制度を開発・導入し，産地卸の機能を取り込むことで，産地の硬直した支配を切り崩していった。

あるいは，卸売商支配の流通機構が形成されていない地域，その拘束力・支配力の弱い地域に限り，あまり知られていないが将来見込みのある産地を探索していき，買宿を設置していった。いずれにしても後方系列化という手段を用いて，地域の有力商人と連携することによって調達先を多様化し，全国規模で幕藩体制骨抜きの生産から販売までを一体的に提供する仕組みを構築していった。しかも，小規模零細な生産者を買宿を通して掘り起こし掌握していったため，いち早く積極的にそれぞれの地域の優良商品を大量に安定して確保していくという，越後屋独自の流通取引制度を構築していったのである。

図3-2 越後屋における買宿制度の展開 （文政7(1824)年時点）

- 貞享元(1684)年　越後十日町　買宿設置（越後縮）
- 享保7(1722)年　上州　買宿設置（上州絹）
- 元文5(1740)年　江州神崎郡　買宿設置（近江布）
- 天明2(1782)年　伯州西紙屋　買宿設置（伯耆木綿）
- 寛政12(1800)年　雲州西台屋　買宿設置（雲州木綿）
- 天保頃　青梅　買宿設置（絹物）
- 寛政頃　八王子　買宿設置（絹物）
- 延宝元(1673)年　越後屋開業
- 宝永7(1710)年　長崎方設置（唐反物）
- 延宝元(1673)年　京都仕入店設置（羽二重）
- 元禄4(1691)年　大坂呉服店開店

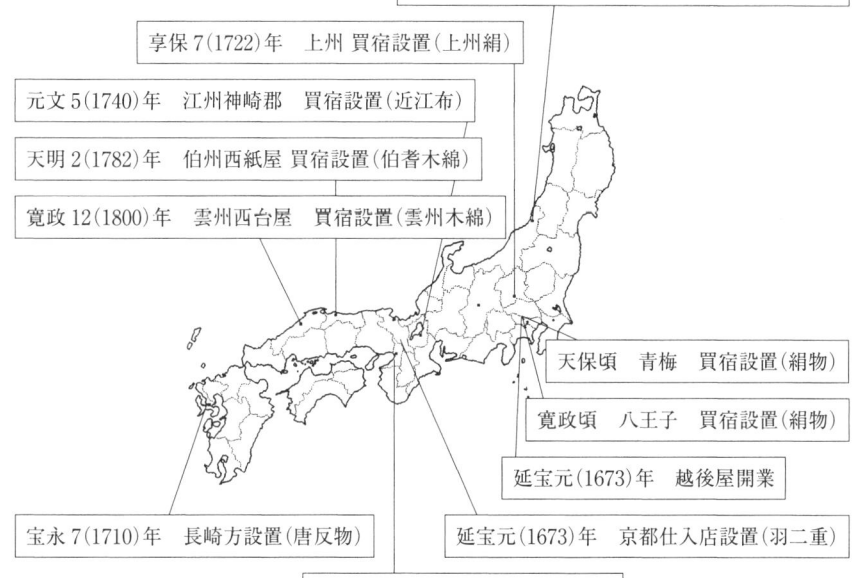

（出所）　株式会社三越編（2005），pp. 24-31，および財団法人三井文庫編（1980a），pp. 442-443 を基に作成。

　そして，享和期（1801-1804年）には，図3-3に示されるように，従来までの店舗ごとの管理を改め，大元方によって一括管理する営業店組織と買宿組織を構築することで，販売・仕入れを統合的に管理していったのである。

　そして，これは越後屋における家法によっても拘束された。もともと店式目として，延宝元（1673）年，「諸法度集（しょはっとしゅう）」，元禄8（1695）年「家内式法帳」，宝永年間（1704-1711年）「此度店々江申渡覚」が制定され，これらの式目は個別に存在していた。その後享保7（1722）年「宗竺遺書」という家法が制定されて，急速に店式目の整備がすすめられた。越後屋の家法による管理系統をまとめたのが，図3-4である。この家法に基づいて，享保7（1722）年「江戸両替店大式目」，享保14（1729）年「家方式目」，享保18（1733）年「公法式」，享保18（1733）年「商用式」，享保18（1733）年「家法式」によって，行動・規

図3-3　営業店組織と買宿組織

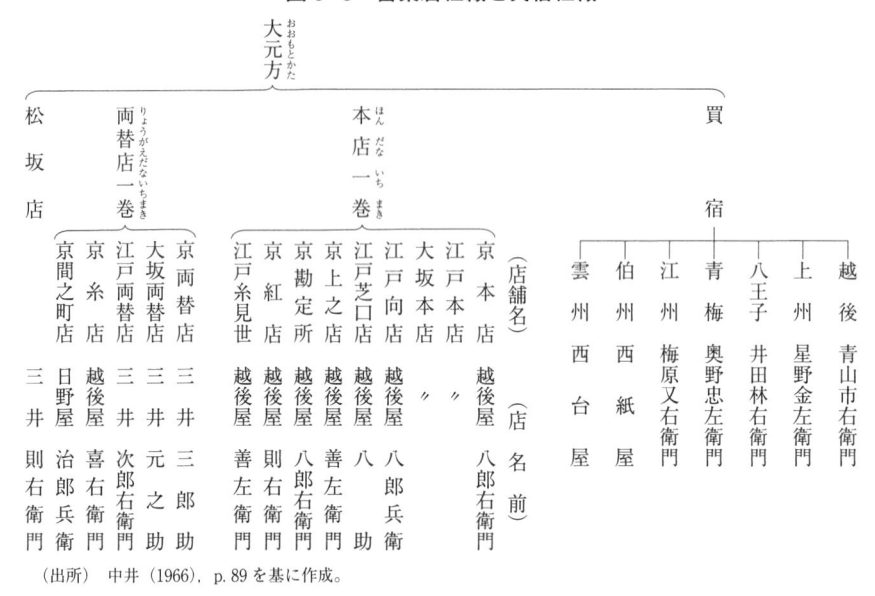

```
                              大元方
                               │
    ┌──────────────┬──────────────────────────┬──────────────┐
  松坂店        両替店一巻                本店一巻             買宿
              ┌────┬────┬────┐   ┌───┬───┬───┬───┬───┬───┬───┐   ┌───┬───┬───┬───┬───┬───┐
              京   大   江   京   江   京   京   江   大   江   京  (店  雲   伯   江   青   八   上   越
              間   坂   戸   両   戸   勘   上   戸   坂   戸   本  舗  州   州   戸   梅   王   州   後
              之   両   糸   替   糸   定   之   芝   本   向   店  名) 西   西   紙    梅   子   星
              町   替   店   店   見   所   店   口   店   店   │      台   紙   屋    原   井   野
              店   店   │    │   世   │    │   店    │    │   越     屋    屋   │     又   田   金
              │    │   三   三   │   越   越   │    越   越   後      │    │   奥    右   右   左
              三   越   井   井   越   後   後   越    後   後   屋      │    梅   野    衛   衛   衛
              井   後   元   次   後   屋   屋   後    屋   屋   八     西   原   忠    門   門   門
              則   屋   之   郎   屋   則   八   屋    善   八   郎     台   又   左                越
              右   治   助       善   右   郎   八    左   郎   兵     紙   右   衛                後
              衛   郎           左   衛   兵    郎    衛   右   衛     屋   衛   門                屋
              門   兵           衛   門   衛    右    門   衛   (店           門                    青
                   衛           門         助    衛        門   名)                                山
                   門                            門                                              市
                                                                                                  右
                                                                                                  衛
                                                                                                  門
```

(出所）中井（1966），p. 89を基に作成。

律がきめ細かく定められた。このようにそれまでばらばらに定められていた店式目は，家法の下に統一され，享保期（1716-1736年）に，急速に家法のもとでの一元管理が強化されていったのである。

　しかも，越後屋の家法は，奉公人ばかりでなく，取引先である買宿に対しても拘束力をもつものであった。買宿については，家法に基づいてそれぞれの産地に掟書が作成されている。家法のもとに上州は「上州店式目」，八王子においては「八王子買方式目」，青梅では「青梅買方式目」，伯州には「買方示合書」があり，産地ごとに規則が定められていた。また越後屋から産地に派遣された手代については，「旅買物式目」で行動が制約されていた。このように家法は，遠隔地である買宿を包摂的に管理する手段として機能していた。そして越後屋では，家法に沿って奉公人教育を実施していたため，家訓に適する奉公人が育成されていった。また買宿に派遣された手代は家訓や掟書で拘束されていたので，遠隔地においても業務を忠実に果たしていったのである。同様の規

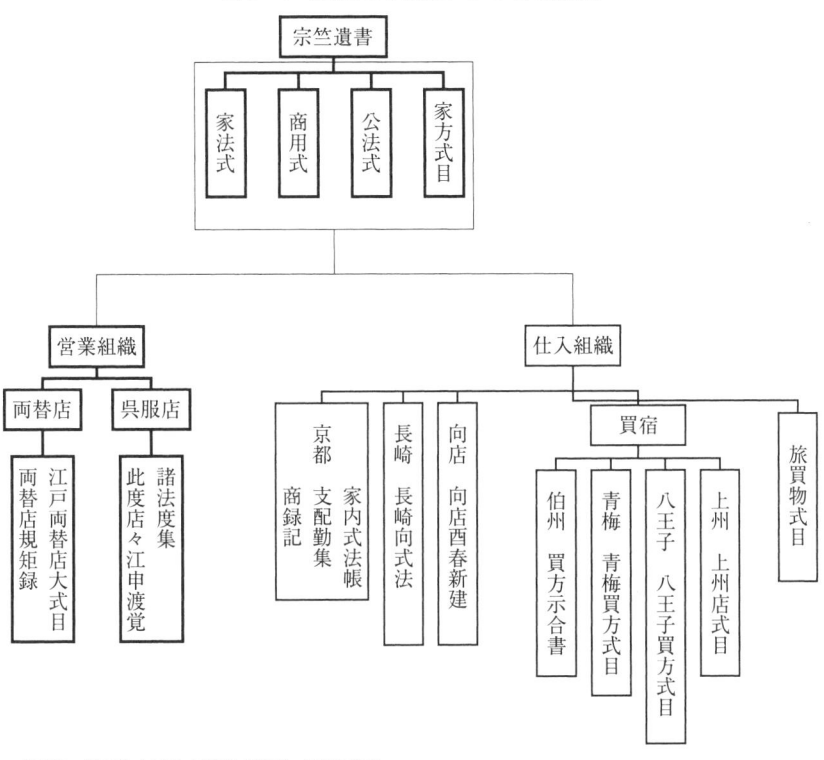

図3-4 越後屋の家法による管理系統

```
                    宗竺遺書
           ┌─────┬─────┬─────┐
         家法式  商用式  公法式  家方式目
           │
     ┌─────┴─────────────────────────────┐
   営業組織                              仕入組織
   ┌──┴──┐              ┌────┬────┬────┬──┴──┬────┐
  両替店  呉服店          京都  長崎  向店   買宿   旅買物式目
   │      │             支配  長崎  向店  ┌─┬─┬─┬─┐
  江戸    此度           家内  勤集  酉春  伯 青 八 上
  両替店  店々           式法       新建  州 梅 王 州
  大式目  江申                            買 青 子 上
  両替店  渡覚           商録             方 梅 八 州
  規矩録  諸法                           示 買 王 店
          度集                           合 方 子 式
                                         書 式 買 目
                                            目 方
                                               式
                                               目
```

(出所) 財団法人三井文庫編 (1973) を基に作成。

律が,買宿にも求められた。

ところで仕入方法の革新は,先述の呉服師とよばれる既存の呉服商は模倣・追随せず,依然として消費地問屋から仕入れていた。仕入革新に踏み切れなかった理由として考えられるのが,まず仕入革新を起こすと,新規顧客が入ってくることで既存の大口の顧客が逃げてしまう可能性があったことである。これを恐れて,呉服師は追随行動をとらなかった。また既存の消費地問屋とのそれまでの取引関係の中で,新たな取引先に切り替えると,長年築き上げてきた信用を損ない,商品を優先的に提供してもらえなくなる可能性が存在したこともある。そのような危険を恐れて,容易に取引先を切り替えることができなかっ

た。このような理由により，呉服師は既存の消費地問屋に仕入れを委ね，産地への進出を試みなかったのである。

それにより，既存の呉服商と越後屋のような後発呉服商との競争関係の中で，仕入革新を起こした越後屋が成長し，仕入革新への追従をしなかった呉服師は，もはやその地位を取り戻せなかった。呉服師の地位は次第に失墜していき，江戸時代に衰亡する末路を辿ることになる。呉服師の衰退は，従来の方法に固執して仕入革新に踏み切れなかったことが1つの要因と考えられる。それに対して越後屋では，買宿制度の導入が，呉服商としての成長に積極的な役割を果たしている。そこで，買宿制度の生成・発展過程に着目し，買宿が越後屋の成長・発展に果たした役割について解明していくことにしよう。

（1）　天野（1995）。
（2）　宮本（1951），林（1967），京都市編（1972）。
（3）　「不用書もの」より抜粋（山梨県立博物館所蔵史料 渡辺洋男家文書 織物80）。渡邊洋男家文書は松木家文書ともよばれ，江戸期に「松木」という屋号で地主事業を行っている。経営が困難に陥った時には，後述の銅屋輿次右衛門から借り入れをすることもあったようだ。その後，流通業，機業にも進出し，事業を手広く営んでいた。
（4）　「江戸向店会所大坂店木綿方規矩」（三井文庫所蔵史料 別5）。
　　　一，河内直買之儀者大坂中買日，在ニ江入込坪方相廻リ木綿出来無之内，敷銀等いたし相調候，然ニ手前折，買方ニ罷越候共中，大数恰好克者手ニ入かたく趣ニ候へ者，先直買者相止〆只，買元備相建本形を以相場高下相糺買入候義肝要之事

久宝寺表町	河内屋小兵衛
八尾とふご地蔵前	瓦屋幸介
夜着村	又左衛門
三宅村	久右衛門
同村	利左衛門

　　　河内木綿については，直買の件で大坂の仲買が木綿の出来を敷金をして調べているので，買方が回っても入手できない。先直買はやめて，相場の高下を糺し買入れることが大事であるとしている。
（5）　「野田清六示合返答書」（三井文庫所蔵史料 別646-38）。
　　　真岡木綿買方差向直買可致存念之所，当地何連之店茂国方江入込致直買候族無之，買送り荷物相場相考利口ニ調入候方之仕法ニ在之候，然共送り荷斗ニ而者様子難徴，是迄茂折、者買役差遣候義も御座候，尚此末国方口銭之取様見糺，扱又直買利廻り見競旁，買役差遣可申儀御座候。

ここでは，真岡木綿買について，当地どこの店も直買はないが，口銭・直買利廻りなど諸条件をみて買役を派遣するとしている。

第4章 絹物の買宿制度の創出と管理

―― 上州を中心として ――

【三井高房】絹物への買宿設置を断行した経営者。仕入面の拡充により，越後屋は，大規模呉服小売商として成長を遂げる。

(資料) 三井記念美術館蔵。

第1節　三井高房の仕入戦略
―― 買宿制度の導入 ――

　三井高利の後，三井高平（初代八郎右衛門），三井高富（二代目八郎右衛門），三井高治（三代目八郎右衛門）と一貫して販売戦略重視の方針を打ち出していった。しかし呉服店売上高が宝永4（1707）年123,417両に対し，享保7（1722）年130,671両と停滞する[1]。

　この業績低迷に追い打ちをかけたのが，表4-1に示されるように，江戸市場における呉服店間競争の激化であった。越後屋の販売革新によって成長が見込めるとみて呉服商の新規参入が相次ぎ，正札現金掛値なしという販売方法を取り入れる動きが加速した。その販売方法に追随した呉服商は，新興呉服商と総称されるようになり，同質的側面が強調されるようになってきた。そのため江戸市場で優位性が形成できなくなり，苦戦を強いられることになる。

　三井高房（4代目八郎右衛門）が呉服小売商として成長を目指した中で制約となったのが，拡大する呉服店での販売量に仕入量が追いつかないということであった。供給不足は呉服店での欠品につながりかねなかった。さらなる呉服小売商としての成長のためには，江戸での拡大する需要に見合った絹物の大量かつ継続的な仕入量を確保することが，最優先の課題となった。そのため，大量に商品を調達する新しい仕入れの仕組みの構築が迫られた。一方で，西陣以外に新興の産地も勃興してきた。

　そこで三井高房は，それまでの販売戦略重視から仕入戦略重視に方針を転換して，仕入れのあり方を見直していった。すなわち，仕入面での重要性が認識されるに至り，三井高房のとった方策は販売部門のさらなる充実ではなく，仕入部門に重点的に投資する戦略に傾斜させて商品力を強化していくというものであった（図4-1，図4-2）。

表 4-1　享保期の主要呉服店（1716-1736 年）

	江戸店	京都店
伊豆蔵五兵衛	江戸本町二丁目 糀町二丁目	京衣棚二條下ル町
伊豆蔵吉右衛門	江戸本町一丁目 本郷三丁目	京室町御池下ル町
伊豆蔵甚右衛門	江戸本町二丁目	京室町御池下ル町
富山喜左衛門	江戸本町一丁目 同　二丁目	京室町御池ノ角
和泉屋十左衛門	江戸本町二丁目	京油小路夷川上ル丁
浜田七郎右衛門	江戸尾張町一丁目	京室町六角上ル町
橘屋七左衛門	江戸本町一丁目	京室町六角下ル丁
十一屋喜兵衛	江戸本郷三丁目	京室町三條上ル丁
夷屋八郎左衛門	江戸尾張町二丁目	京衣棚姉小路上ル町
槌屋四郎左衛門	江戸本町二丁目	京柳馬場三條上ル町
槌屋九兵衛	江戸本町二丁目	京蛸薬師柳馬場東へ入ル丁
伊勢屋久右衛門	江戸尾張町二丁目（江戸にて久松屋）	京室町丸太町下ル丁
松屋源七	江戸本町一丁目	京室町椹木町上ル丁
金屋彌右衛門	江戸本町一丁目	京烏丸丸太町下ル丁
奈良屋利兵衛	江戸本町一丁目	京高倉六角上ル丁
十一屋吉右衛門	江戸本町一丁目	京寺町夷川上ル丁
折鍵屋三郎兵衛	江戸本町二丁目	京下立売新町東へ入町
荒木伊兵衛	江戸長谷川町 同　芝新網町	京室町丸太町下ル丁
藤代屋伊兵衛	江戸本町一丁目	京衣棚椹木町下ル丁
菱屋惣兵衛	江戸本町一丁目	京室町竹屋町上ル丁
松屋吉右衛門	江戸本町一丁目	京室町下長者町上ル丁
金屋半六	江戸石町二丁目	京室町椹木町下ル丁
白木屋彦太郎	江戸日本橋南一丁目	京堺町二條上ル丁
大和屋長次郎	江戸本町二丁目	京室町押小路上ル丁

第4章 絹物の買宿制度の創出と管理

松屋又作	江戸本町一丁目	京新町下長者町下ル丁
菱屋新兵衛	江戸本町一丁目	京釜座二條上ル丁
櫻井七郎右衛門	江戸本町二丁目二ヶ所	京室町夷川上ル丁
三井三郎左衛門	江戸本町二丁目	京室町押小路下ル丁
三井三郎兵衛	江戸櫻田久保町	京室町押小路下ル丁
金屋太右衛門	江戸本町一丁目	京室町夷川上ル丁
井筒屋四郎右衛門	江戸石町二丁目	京烏丸下長者町上ル丁
菱屋與兵衛	江戸本町二丁目	京錦小路通油小路東へ入町
亀屋七左衛門	江戸尾張町	京三條通東洞院東へ入町
丁子屋次郎右衛門	江戸石町二丁目	京室町夷川上ル丁
松葉屋嘉兵衛	江戸石町二丁目	京中立売新町東へ入丁
槌屋彦太郎	江戸長谷川町	京堺町姉小路上ル丁
信濃屋與所次郎	江戸本町一丁目	京油小路出水上ル丁
伊勢屋三郎兵衛	江戸本町二丁目	京烏丸三條下ル丁
島屋市郎兵衛	江戸浅草見付前馬喰町	京室町六角下ル丁
三井八郎右衛門	江戸駿河町北側	京室町二條上ル丁
三井八郎兵衛	同町南側	
松坂屋八助	江戸本町一丁目	

（出所）斎藤（1935），pp. 96-102 より作成。

図 4-1　越後屋の従来の仕入機構

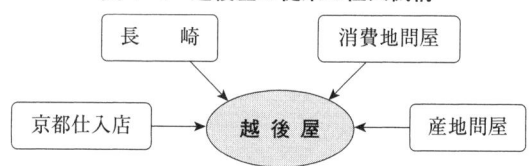

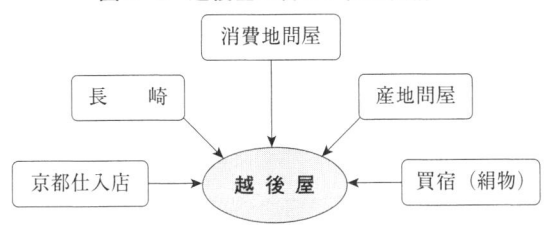

図4-2 越後屋の新しい仕入機構

```
         消費地問屋
             ↓
   長崎      ↓    産地問屋
      ↘    ↓    ↙
京都仕入店 → 越後屋 ← 買宿（絹物）
```

第2節　上州における買宿制度の創出

　事態打開の糸口を求めて，三井高房は新興の産地に調達先の可能性を模索し，新しい仕入れの仕組みを構築していくという方向性を目指していった。つまり撰糸類，亀綾類，本紅，茶宇類，京紗綾綸子といった高級絹物の場合には，西陣，長崎から仕入れ，地方絹と総称されるような大衆的な絹物については，新興の産地から仕入れることで，拡大する市場に向けて，絹物を確保していき，なお一層の大量仕入・大量販売を志向する組織を形成していくことに力を注いでいった。

　新興の産地の中でも三井高房が着目したのが，上州である。なぜなら上州は全国でも知られた新興の絹物の産地で，地理的にみて江戸という大消費地に近く，そこを対象とした商品生産が発達していて，それに伴い流通機構も形成されていたからである。しかも，京都西陣以外に新興の産地として，上州においては農家の副業として作られる商品であり，その規模は小規模・零細で，家内工業的に地場産業として発達していた。このように，上州の絹物は商品化されていることに目を付けた三井高房は上州進出を試み，調達先を多様化することで，生産量の変動に左右されにくい仕入機構に転換していくことに力を入れていくのである。しかし，その過程は試行錯誤の連続であった。

　上州においてはもとより産地生産者が小規模・零細であったので，越後屋は

この流通機構の集荷段階で集まった絹物を仕入れていた。なぜならそれを業務とする問屋から商品を仕入れる方が，量的に確保できたからである。すなわち図4-3に示されるように，もともと絹物は産地商人の次手が持参した絹物に口銭を支払って購入していた。その後旅宿を設け上州の市での調達量を確保しようとしたが，それでも限界があり，なかなか調達の仕組みが定まらなかった。しかしいずれの方法においても，呉服店での拡大する販売量に見合う仕入量が不足し，問題解決に至らず試行錯誤していた。このような伝統的流通機構に依存した仕入れでは市場取引が基本で，取引が機会主義的になり，優良商品を大量に安定して仕入れることが困難であったのである。

他方で商家内には，産地進出に関する直営仕入店の知識が蓄積されていた。それは前述したように，京都仕入店と長崎においてである。京都仕入店は延宝元（1673）年，越後屋の開業当時から開設されていたもので，京都は古くからの産地であり，大規模な仲買や問屋が成立しており(2)，直営で産地進出しても取引先を獲得することは比較的容易であった。また長崎へは宝永7（1710）年，

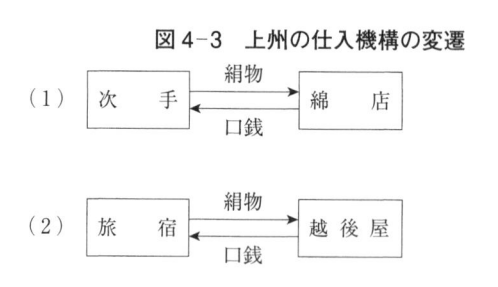

図4-3　上州の仕入機構の変遷

（1）　次手　⇄（絹物／口銭）　綿店

（2）　旅宿　⇄（絹物／口銭）　越後屋

（3）　上州店の開設

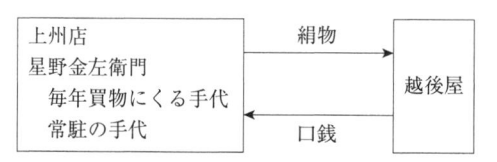

上州店
星野金左衛門
　毎年買物にくる手代
　常駐の手代
⇄（絹物／口銭）　越後屋

（出所）「上州店式目」（三井文庫所蔵史料　本464-1）より作成。

第2節 上州における買宿制度の創出 55

長崎方を設置して進出している。長崎の唐物取引では糸割符仲間に加入しないと取引ができないので，直営とならざるを得なかった。しかし上州は新興の産地であり，産地に関する知識や情報が不足していたため，これらの直営仕入れに関する知識は，上州においては適用できなかった。

ところで上州での伝統的流通機構は図4-4に示されるように，織屋で織った織物を卸売商人に出す場合には，買次商，仲買，国売の3つの経路があった[3]。ここで買次商とは，産地生産者が生産した生絹・太織(ふとり)を買集めて，都市の呉服問屋へ販売することを業務としている。仲買はいくつかの織屋から織物を仕入れて，買次商・国売という卸売商人に販売することを業務としている。国売は地方需要家に対応している。産地生産者の生産数量が比較的少ないので，流通機構の中で集積機能が大きな役割を果たしていた。これが卸売商の存立根拠ともなっていた。

このような状況の中で，上州の流通機構に参入するに当たって最大の障害となったのが，産地の卸売商人によって取引慣行が形成されていたことである。上州においては卸売商人が産地の権益を押さえていて，商品を買い占めていた（図4-4）。その固定的・閉鎖的・多段階の流通機構が形成されている中に，後発である越後屋が対抗して新規参入し，取引量を拡大することは容易ではなかったと言えよう。

しかも江戸店・大坂店で提供している商品と同一水準の商品を呉服店で提供しなければ，これまで構築してきた越後屋銘柄の低下が懸念された。そのため，一定水準以上の商品を仕入れられることも考慮に入れた調達網の整備が必要不可欠になってきたのである。

これらの2つの制約を克服するため，三井高房は買宿制度に大規模に投資することを決断するのである。すなわち享保7（1722）年，地元の有力商家である星野金左衛門と連携して共同革新し，競合呉服商に先駆けて，図4-5に示されるように，上州において分業関係が成立している流通機構上に，旧来の流通慣行を打破して，産地問屋と同じ機能を果たす買宿を設置し，産地に仕入拠点を開設したのである。つまり三井高房は，産地買付けの利点に着目して，そ

56　第4章　絹物の買宿制度の創出と管理

図4-4　上州の伝統的流通機構

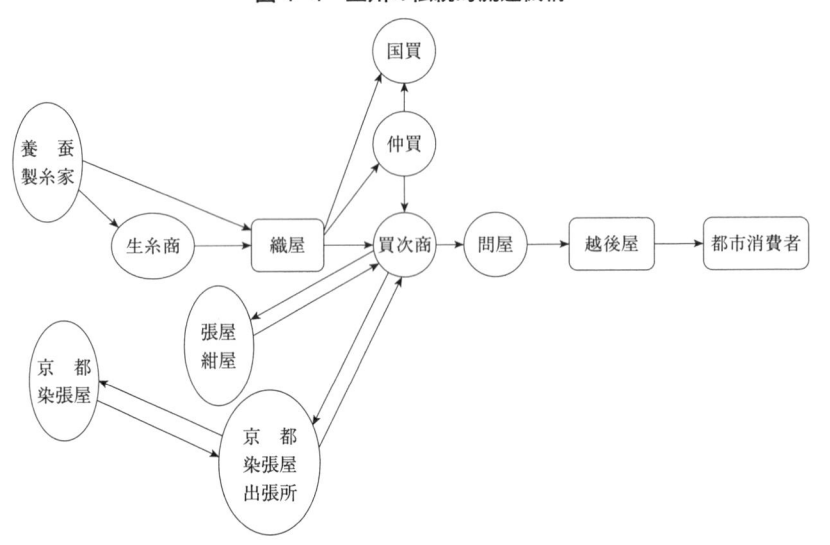

(出所)　桐生織物史編纂会編 (1935), p. 354 を基に加筆・修正。

図4-5　上州における越後屋の新しい仕入機構

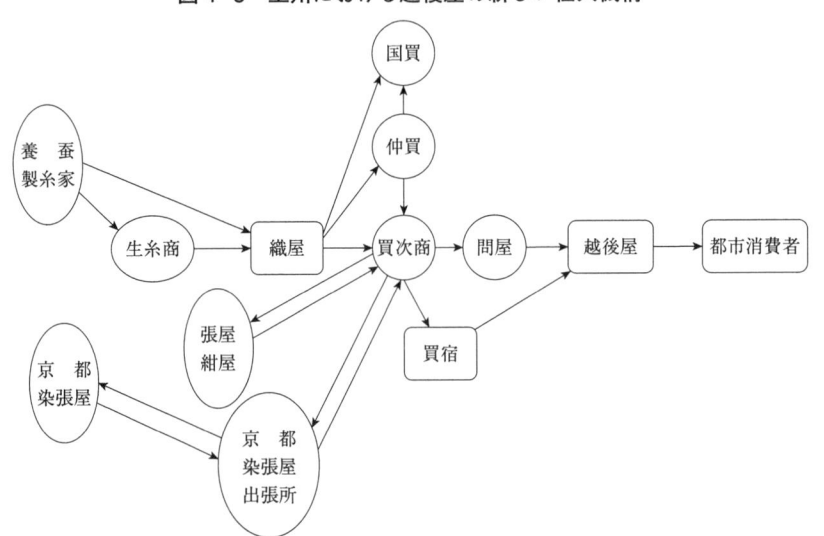

(出所)　桐生織物史編纂会編 (1935), p. 354 を基に加筆・修正。

第2節　上州における買宿制度の創出　57

れを地元の有力商家に依頼するという仕入革新を起こしたのである。そして消費地に近いところで小売業務を営みながら，産地と直接接触して仕入れに関する新しい仕組みを作り上げていった。とくに当時は一般的に問屋は問屋，小売は小売という分業関係がある中で，分業関係を打破して卸売業務と小売業務を兼業するということは，革新的な仕入形態であった。またこの方法で買付けを行う限り，産地商人からの抵抗も緩和することができた。しかも絹買仲間議定が整備されたのは寛政3（1791）年であり，まだ絹買仲間としての内実が整っていなかったので，産地進出の障壁を緩やかなものにしたと言えるだろう[4]。

　他方の買宿側も，大商圏をもっている越後屋と取引することによって，信頼を獲得することができるとともに，大量販売先を確保することで，取引が安定するという効果があった。

　ただし既存の取引先からの仕入れも継続して行い，買宿制度に全面的に切り替えるものではなかった。つまり，問屋から仕入れながら，独立の仕入経路である買宿制度を創出していくことで，積極的に地方商人の系列化を推進して，不安定調達から脱却していったところに，越後屋の仕入機構の特徴があるのである。

　そして上州における絹物の流通機構において，従前までは市場取引であったので，星野金左衛門と連携するところまで，つまり産地卸売商人を越後屋が掌握する形で後方系列化していった。ここに，越後屋による地方卸売商人の系列化が始まる。そして市場取引から限定的取引に切り替える場合の選定基準として，有力商家が選定基準になっていた。また買宿制度という仕入革新は，従来の呉服商と異なる仕入過程の掌握がみられ，活動領域を広げていった。

　さて越後屋と買宿は，権限関係が及ばない相手との取引であり，取引開始に当たって，高崎の買宿である大谷長兵衛と次のような取引契約書を交わしている。なお越後屋では仕入量の確保に向けて，複数の買宿と契約している。

高崎申渡候之覚[5]

一，此度藤岡店相仕廻候ニ付，此已後買方藤岡高崎先規之通引分ケ両所ニ而買方致

続、然ハ高崎定宿諸事先規之通、其元ヘ相頼申候、買方万端工面能様ニ御世話頼入候
一、其許ヘ手代両人差遣し候ニ付、場造両人無之候而間ニ合申間敷哉ニ存候内、壱人ハ笠井武兵衛御存知之通、年来本店買方呑込罷在候者故召仕申度候拟、相然ル壱人其許御勤可被成哉、又ハ貴様老年至及辛労ニも候ハヽ、藤岡若キ者共之内壱人場造ニ御抱候而、其元ニハ是迄之通、場地代買被成候共、御了簡次第之事
一、数年来之宿之儀、差而改申義無之候へ共、藤岡江引越候以来申従いたし候得ハ、此度定宿請負證文取申様、勿論藤岡金左衛門殿ニも、此度請負證文差出し被申候
一、口銭金百両ニ付金弐歩
一、雑用一ケ月壱人前金三歩宛
一、座敷続ニ有之候土蔵手前致買方候内ハ、明ヶ渡し御心得可被成候
一、店舗損し候処、又ハ屋根通り洩候処抔、御繕并ニ湯殿雪隠等も見苦敷無之様ニ修、其後御申し付戸志まり用心宜様可申付可然候
一、朝夕給物之儀、絹嗜好申義ニハ無之候へ共、差遣し候手代何角者致辛労事ニ候得者、朝夕食汁心能給候様ニ御心可被剖候、尤其許御家来等迄此旨兼而御申付候可被成候
一、其許江、今度先規之通絹買宿相立候処ニ、先達而土蔵も修其後被成候哉、尚又此末大分之代物入申義候之間益修其後被成、扨御居宅とても修其後被成候ぇ、参候手代心能相勤候様ニ御心得可被成候、尤彼是之為難儀金弐拾両差送り申候間、御受納可被成候、以上

　　享保廿年　　　　　　　　　　　　　　　　　　　　本店役人
　　　卯四月廿五日　　　　　　　　　　　　　　　　　向店役人
　　　　大谷長兵衛殿

　この証文は高崎買宿請者の心得を定めたものであり、場造役を置くこと、口銭・雑用費用の取決、店舗・土蔵の損なったところの修繕、買役・手代らが日々快く働けるよう世話・管理の依頼等が記されている。とくに注目すべきは、

買宿の業務は越後屋のかわりに商品の仕入れを仲介して渡すというものであり，買宿はその業務に対して「口銭金百両ニ付金弐歩」とあるように，手数料を得ていた。しかもこの取引は生産された全量を越後屋が買取らなければ他の問屋に販売されることが考えられたので，買宿側にも利点があったと言えるであろう。また買宿の開設に当たって，基本的に買宿側が資金を出資するが，「彼是之為難儀金弐拾両差送り申候」とあり，越後屋の方から難儀金として20両提供されている。

なお絹物の買宿を通じた調達方法は図4-3に示すように2種類あり，買人から調達する方法と代買を利用する方法である。代買には一定の口銭を支払うということで，代理商取引が行われた。越後屋から買宿へ派遣される手代は，毎年買付けにくる手代あるいは常駐の手代が配された。いずれも，買付業務に精通した人材が送り込まれた。また買宿においては，荷物の集荷・保管・発送が主要業務であった。

また享保18（1733）年，仕入量の確保に向けて古沢清左衛門と買宿契約を締結する[6]。古沢清左衛門は，元禄年間（1688-1704年）に酒造業務を手掛け，享保14（1729）年には上野砥の附送問屋に携わるようになる地元の有力商人であった[7]。つまり，産地で商売して信用・実績がある商人が買宿として選ばれた。要するに，地元への顔利きに対する信用のあることが，買宿選定の1つの基準になっていた。その時の請負証文を次に示す。

御請負証文之事[8]

一，今度私義御店絹綿代買被仰付奉存候，依之無御気遣前金御渡シ被成買方仕候，時々相場吟味仕買上直段少モ相違仕間敷候，勿論御勘定之儀者御指図次第可仕候，尤代買仕候ニ付而口銭被下候，右買金之残金急度御勘定可仕候，若相滞候ハヽ，我等所持之田畑并家屋敷共相渡，万一不足之所ハ請人方ゟ急度勘定仕，埒明ケ少モ御損毛懸ケ申間敷，為後日加判証文仍如件

　　享保十八　　　　　　　　　　　　　　　買方　清左衛門判

丑ノ七月朔日　　　　　　　　　　　証人　半左衛門判
　　　　　　　　　　　　　　　　　　同　　半三郎判

　三井八郎右衛門殿代　駿河谷次右衛門殿
　林留右衛門殿　　　　河嶋善次郎殿
　山口武兵衛殿　　　　宮　　善助殿

　この請負証文から，越後屋と買宿の関係について次の2点が指摘できる。
　第1に取引契約書を交わすことで，長期継続的な取引を通じて絹物の安定確保が可能になったことである。第2に，「前金御渡シ被成買方仕候」とあり，前渡金で買宿の商品を独占的に入手するという点で問屋制家内工業の萌芽的形態がみられる。第3に，「代買仕候ニ付而口銭被下候」と，越後屋から買宿へは口銭が支払われるという契約になっていることである。そして白地の生絹である染地絹，太織絹である玉附が，30から50疋単位で荷造りされ京都へ発送された。いずれも，京本店へ送られて諸加工が施されたうえでないと商品化されない製品であった。

第3節　上州における買宿の管理と優位性

　三井高房は上州進出を買宿設置によって達成したが，呉服店の経営を継続・拡大するには，その仕組みを維持していく必要があった。その時に直面した問題は，越後屋が遠隔地にある買宿をどのように管理するかということにあった。越後屋と買宿は遠隔地取引のため管理が行き届きにくいため，あらかじめ「上州店式目」という規則を定め，買宿を指示・掌握していった。これは，買宿管理の一環として定めた規則である。
　この「上州店式目」から，2つの管理系統が識別できる。まず第1の管理系統は，越後屋から買宿に対しての管理である。買宿制度を維持するために，次のような買付けに当たっての細かい諸指示が買宿になされた。

1. 送り方の指示

1つは，買宿を通じて購入した織物の送付についての指示である。

「如此大分之買方故，此所ニ場所を立候間，其妙有之様ニ無他事はまり強可致事ニ候へ者，毎日絹請取方 ゝ，遂吟味，善悪急度可申渡候，勿論市買之事ニ候へ者不同茂可有之義ニ候，所詮買切候上ハ仕方無之候間，兎角買上ケ市札之侭ニて相渡候様ニ申渡，買手之方ニて市札高下を平均し来候てハ，却而分明ならす候事」(9)

と，毎回絹物の買取りは細かく善悪を吟味のうえ，買取った絹物は買上げ値札のまま京都に送らせるという，京都への送り方の指示を行っている。

2. 仕入段階での品質管理

上州は新興の産地であり，市に出荷される絹物は家内工業で農家の副業として作られていたため，京都の絹物と比較すると品質にばらつきがあった。品質の不均質は，これまで越後屋が築き上げてきた銘柄像を低下させるということも憂慮された。そこで品質の不均質を解消するため，調達する絹物の品質水準を維持していくうえで次のような指示を出している。

「買人之内ニ而風違悪風成物買取京都遣心無之品ハ，又市江出し売払申品も可有之候，此引道勘定之砌明白ニ見得候様ニ可致事」(10)

と，買取りの規則を明確化している。すなわち，仕入商品は上州であらかじめ選別して不良品は取り除き京都へ送らないように，市で処分するよう仕入段階での品質管理をして，一定以上の品質の商品が京都へ送られていったのである。

そのうえ，京都においても品質が吟味され，流行性のない商品・粗悪品があった場合には，帰り絹と言って，上州へ返品される仕組みとなっていた[11]。このように，上州と京都で2段階の品質検査を行い，仕入商品の品質を向上させることで，越後屋の商品に対する信用の確立・保持に努めていった。そうした努力と工夫が，呉服店での粗悪品の品揃えの排除に結びついていったのである。

3. 報告書の提出義務

上州店では，次のように書類に報告書の提出を義務づけていた。

「何国ニても買入之代物毎日注文引合，一ケ月限ニ買入高京都へ可申越事」[12]

とあり，買宿の越後屋に対する義務として，月ごとに買入高を京都に連絡するように，買宿からの報告書による管理をして，素早く買付実態を把握しようとしていた。さらに，

「店目録一ケ年限ニ勘定相仕立，正月ニ江戸表へ持参可申事」[13]

とあり，1年単位で，店の目録，取引記録を整理して江戸表へ持参するように指示をしている。このように，京本店で買宿の財務実態を定期的にかつ詳細に把握することで，買宿を管理・掌握していったのである。しかも簿記の仕組みが構築されていたため，京本店の方で買宿経営の実態を帳簿によって数値的に正確に把握できたことは，遠隔地取引の実現を容易にしていった。

4. 越後屋の手代による指導・管理

越後屋からの指導は，報告書ばかりではなかった。

第 3 節　上州における買宿の管理と優位性　63

「京江戸両店ゟ参候手代より買方指図を受可申候，其内前〻格式も有之義ハ，兼而致相談工面克可相勉事」[14]

と，京都・江戸から派遣された越後屋の手代が直接買付けについて指導・管理していて，品質管理は報告書等の書面においてばかりではなかったことが認識できるだろう。越後屋の手代が，仕入方法を買宿に積極的に指示することで高い品質を維持しようとしたのである。このように仕入段階において，掟書での指示と越後屋の手代の直接指導の両側面から品質管理をして，品質格差を是正し，品質面での優位性を発揮していったのである。

そして買宿に対する第2の管理系統は，買宿が越後屋から派遣された手代を管理する側面である。次の「上州店式目」においては，

一，博奕諸勝負一銭之儀にても堅仕間敷事
　　　附たりとみ三笠附等之義堅仕間敷候
一，家業之外相場商堅仕間敷事
一，京江戸両店ゟ参候手代より買方指図を受可申候，其内前〻格式も有之義ハ兼而致相談，工面克可相勉事
　　　附たり京江戸ゟ参候手代朝夕給物ハ外旅人之格式ニ可致候，店勉之者ハ其土地柄之格ニ相心得，雑用物入費無之様ニ相心得可申候，尤春季手隙之砌ハ□札より或ハ泊りなと拵候様ニ心掛，江戸両店江相窺差図次第，口業程之働致候様相心得可申候
一，店ハ不及申，先〻江参何程無拠儀有之候とも，大酒堅仕間敷事，悪事之元也
一，惣手代下〻迄野良傾城狂ひ堅仕間敷候，別而ハ一宮湯香保軽井沢，又ハ場所ニより野良なと有之候ヘ者急度相慎可申事，万一不行跡経年月相知候共，遠国之儀ニ候ヘ者急度越度可申付候，兼而京都東問屋之手代右場所ニて仕損候もの粗承及候，堅相慎可申事
　　　附　遊芸稽古仕間敷候事
一，私ニほまち商一切仕間敷候，万一少ニ而も有之後日ニ相知候時ハ，私欲同前急度

越度可申付候，遠国之事ニ候間聊にても後暗事無之様，万事実躰相勤可申事
一，惣手代喧哢かましき義ハ不及申，少之口論ニても互ニ相慎堅致間敷事
一，惣手代小遣申渡候通ニ相心得，たまりに延候様ニ可仕候，自然遣過於有之ハ末にて可致勘定候，遣残候ハヽ店ヘ預ヶ其上ニ褒美等可申付事
　　附たり手代下ヽ迄金銀一切致所持間敷候，若自分之金銀有之者早速支配人方江預ケ可申事(15)

とあり，越後屋は派遣した手代の監視ができないので，宿泊先の買宿に生活・行動の監視を委ねていたことが確認される。このように，管理系統は越後屋から買宿への管理と，買宿の越後屋から派遣された手代の管理という相互管理の仕組みを働かせていた。そして，相互管理の仕組みを働かせることで遠隔地である買宿を管理し，仕入量を確保していったのである。例えば江戸店の仕入先である江戸向店への上州の仕入れは，享保15（1730）年に70貫18匁で全体の7.2％を占めるに至り，販売量に見合う調達量を一定程度，補完するという役割を果たしていった(16)。ここに，商家内に仕入経路構築能力を蓄積するのである。

　以上のように，越後屋では上州を重要な仕入拠点と位置づけ，買宿に対して資本としての独立性を残しておきながら活動の自由度を制限していくことで，上州における絹物を戦略的商品に成長させていったのである。したがって，越後屋が産地卸売商の役割を取り込むことによって絹物を確保し，大量販売する組織を構築していき，大規模系列小売商が成立していったと言えるだろう。そして大規模系列小売商の仕入活動においては，産地指導や品質吟味して商品を独占的に獲保していることが，問屋の活動とは異質であったのである。

　その後元文3（1738）年，上州の絹織物に高機という新技術が導入された。これは上州の名主周東平蔵，絹買商新井治兵衛が，それぞれ西陣の織物師弥兵衛，井筒屋吉兵衛を上州へ招聘することによってもたらされたものであった。それまで上州では，絹織物を居坐機によって生産していたが，西陣からの新技術の導入で，高機による飛紗綾・縮緬・龍紋・紋絽などが生産できるようにな

第3節　上州における買宿の管理と優位性　65

る。このように産地生産者の技術的向上によって，高品質の絹物を仕入れる環境も整備されていく[17]。このことは，買宿制度を後押しするものとなった。

そして天保期（1830-1844年）になると，図4-6に示されるように産地の分業構造が変化している。とりわけ注目に値するのが，生産部門に績屋・立繰屋・機拵（はたごしらえ）といった業務がでてきて分業関係が進展していることである。これは，技術水準の高度化に適合するために，専門的分野に特化していっていることを示していて，越後屋の買宿制度が地場産業の成長・発展にも寄与しているのである。なお販売先には，才取（さいとり）という新しい業態もでてきている。

さて買宿制度を利用して商品を調達するには，次の4つの利点があると考えることができる。

第1に，買宿制度では産地の有力商家に代理商になってもらい，集荷を行うものである。産地の有力商家と連携することは，産地商人との対立回避につながり，仕入先の新規開拓を容易にした。また地縁・血縁関係に基づいて，星野金左衛門の既存の取引先を利用することもできた。このため買宿制度では拡大する需要に対応して，短期間のうちに迅速な集荷ができるようになった。また生産量の変動があっても買宿から優先的な絹物の供給を得ることが可能となり，仕入量を確保することができたのである。

第2に，仕入産地の拡大に伴って取引先が多様化したことは，越後屋全体の仕入量の増大に貢献した。上州の産地進出は，販売量に見合う調達量を一定程度，補完する役割を果たした。そのうえ複数の仕入経路をもつことにより，危険分散を図れるようになり，これによって品不足の時であっても，安定的に仕入れることが可能になった。後述するが，商品の安定的供給は大店での継続的販売を意味するものであった。

第3に，市場取引からの仕入れでは品質が不均質であったが，買宿制度の導入によって，買方役が品質吟味して商品を仕入れることができるようになり，品質面の質的向上が図られ，優良商品を仕入れることにつながっていった。

第4に，地元の有力商家である星野金左衛門と連携することで，産地情報が的確に掴めるようになった。消費地問屋からの仕入れに依存していたのでは，

66 第4章 絹物の買宿制度の創出と管理

図4-6 上州の流通機構（天保期（1830-1844年））

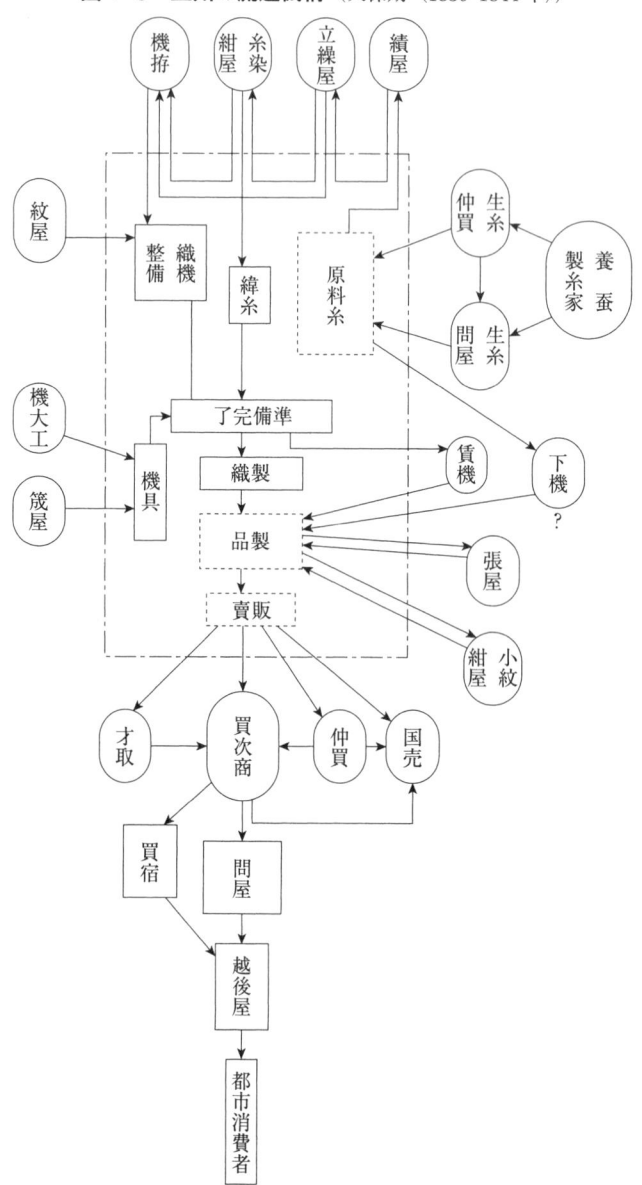

(図：上州の絹物流通機構)

主な構成要素：
- 上部：機拵、紺屋/糸染、立繰屋、績屋
- 紋屋 → 整備織機
- 養蚕・製糸家 → 生糸仲買 → 生糸問屋 → 原料糸
- 緯糸、原料糸 → 準備完了 → 織製 → 製品 → 販売
- 機大工、筬屋 → 機具
- 賃機、下機？、張屋、紺屋/小紋
- 販売 → 才取、買次商、仲買、国売
- 買次商 → 買宿、問屋 → 越後屋 → 都市消費者

（出所）桐生織物史編纂会編（1935），p. 355 を基に加筆・修正。

産地情報・商品情報は消費地問屋まかせで不的確であったため，取引交渉を有利に運ぶことができなかった。しかし，産地に赴くことで地元の情報が的確に掴め，的確な情報に基づいて取引交渉に当たることが可能になったのである。

なお上州では，買宿の古沢清左衛門にみられるように，主として呉服の生地を調達していた。そして生地をいったん京本店へ運び，そこで加工工程を施した上で呉服として完成品に仕上げられ，呉服店に届けられた。つまり競争力のある商品に仕上げるために鍵を握っていたのが，この京本店での仕上げ加工工程である。この京本店の組織図は図4-7の通りである。このうち，絹加賀方が上州での調達を担っていて，絹加賀方にいったん入荷された商品は染物方・縫方，誂方が加工工程を担当して，京本店では集荷と加工の両方を行っていたことがわかる。

ただしこれらの部門が自ら加工工程に携わるのではなく，出入職人に委託していた。これらの出入職人を京本店が差配することによって，より商品価値の高い呉服に仕上げていったのである（図4-8）。加工工程の中でもとりわけ染の加工工程が重要で，呉服の柄・模様の決め手となるものであった。その工程も京本店で外注に出し，生産者を差配していた。つまり優秀な染め職人を確保・連携できたことが，柄・模様で優位性を確立するための1つの要因になっていたのである。これらの工程を経て初めて反物として完成し，呉服店で顧客の要望に合わせて仕立てを施し，呉服として商品化され，販売されたのである。このように，競争力のある商品に仕上げるためには，京本店が重要な役割を果たしていて，それは加工工程の職人を越後屋が管理・掌握することによって実現していったのである。その後正徳4（1714）年になると，紅店を小川通下ル小川町西側に間口七間，奥行二十間で開業し，直営でも紅染に乗り出していき，生産機能も併せもつようになった。

これらに共通して言えるのは，最終加工工程を越後屋が管理・掌握していたので，生産にも指示を出すことができたことである。このことは，次のような効果をもたらした。江戸，大坂等大都市で呉服店を構えながら生産部門にも関与していったので，呉服店で入手した消費地の需要・流行，人気の意匠・色・

柄・模様，要望といった情報に基づいて加工工程に指示を出したり，新製品開発に活かしたりすることができるようになった。これによって，越後屋の方が主導権を発揮して江戸での流行を提案したり，新たに創出することができるという効果を生んだ。つまり，越後屋が産地情報と消費地情報との接合の役割を果たしていて，情報格差を活用した方法によっても優位性を発揮していったのである。なかでも紅店は直営のため，技術の流出を防ぐという効果も期待できた。これに対して従来の消費地問屋依存型の絹物仕入れでは，生産者情報の把握や生産工程への直接指示は困難であったため，呉服店情報の生産への還元は期待できなかった。

なお越後屋が産地に対して主導権を握れたのは，産地にこれらの最終加工工程の技術を教授しなかったことがある。そのため買宿の製品はこの段階では半

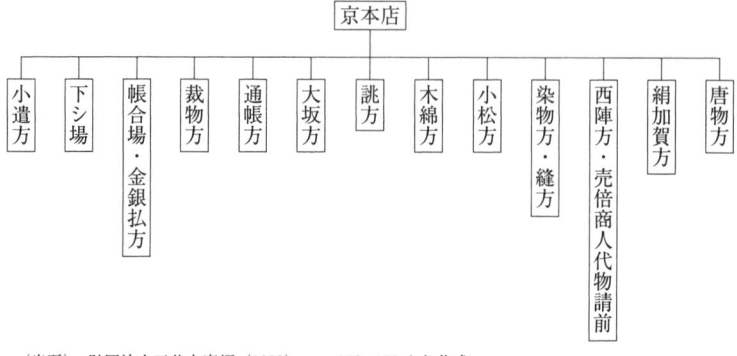

図4-7　京本店の組織図（享保期（1716-1736年））

```
                              京本店
  ┌──┬──┬──┬──┬──┬──┬──┬──┬──┬──┬──┬──┐
 小  下  帳  裁  通  大  誂  木  小  染  西  絹  唐
 遣  シ  合  物  帳  坂  方  綿  松  物  陣  加  物
 方  場  場  方  方  方      方  方  方  方  賀  方
         ・                      ・  ・      方
         金                      縫  売
         銀                      方  倍
         払                          商
         方                          人
                                     代
                                     物
                                     請
                                     前
```

（出所）　財団法人三井文庫編（1980），pp. 158-159 より作成。

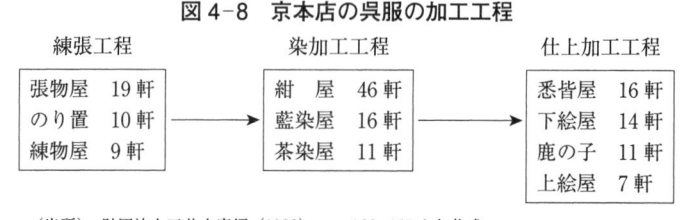

図4-8　京本店の呉服の加工工程

練張工程	染加工工程	仕上加工工程
張物屋　19軒	紺屋　46軒	悉皆屋　16軒
のり置　10軒	藍染屋　16軒	下絵屋　14軒
練物屋　 9軒	茶染屋　11軒	鹿の子　11軒
		上絵屋　 7軒

（出所）　財団法人三井文庫編（1980），pp. 166-167 より作成。

製品であったことから[18]，買宿からの迂回流通を困難なものにした。そして京本店で最終加工工程を施して完成品に仕上げ，出荷するという仕組みとなっていた。言い換えれば，最終加工工程を買宿に依存せず越後屋独自で行っていたので，買宿は越後屋を介して再加工しないと商品化することは不可能であった。なぜなら最終加工工程を含めてすべての工程を産地生産者に任せると製品化され，たとえアウトサイダーとしてであっても，市場で販売される恐れがあったからである。そのため買宿が完成品を市場へ出荷することは困難を伴い，越後屋に従わざるをえなかった。したがって越後屋の情報管理によって，買宿に対して主導権を握ることができたのである。またそのことが，生産者の革新や大規模化を困難なものにする1つの要因となっていた。

そして京本店の買付けに占める新興の産地からの仕入れは，宝暦元（1751）年に30％近くに達していて，既存の問屋を経由しない仕入経路の果たす役割が大きくなってきていることが指摘できよう[19]。これとは対照的に，長崎からの仕入れが享保元（1716）年20％であったが，その後低下傾向をたどる[20]。

買宿制度の導入・維持は，次の3点で呉服店の経営にも影響を与えた。第1に，買宿制度の導入により仕入量を拡大・維持できたことは，呉服店での品揃えの量的拡大につながり，大店としての成長に結びついていった。また仕入量の安定調達に伴い，入荷量の減少に伴う価格の増大を招くことがなかったため，安定的な価格で提供できた。飢饉等があり生産量が限定的であったとしても，越後屋へ優先的に調達できるものであり，呉服店での品揃えの継続的な確保が可能になった。この買宿制度は，生産量の変動にも対応できる仕組みとなったのである。

第2に，買宿制度で上州から仕入れる商品の品質管理を行ったため，安定的な品質の商品を呉服店で品揃えできるようになった。このため越後屋の銘柄像を維持できたので既存顧客の離反を招かなかった。

第3に，高級な絹物の場合には西陣という有力な産地から仕入れ，田舎絹と総称される大衆的な絹物については上州から仕入れることにより，絹織物の商品多様化が促進され，顧客の選択肢の幅が広がり，利便性が高まった。

こうして上州において管理体制を整え，買宿は仕入制度として確立されていった。そして既存の仕入経路と買宿経路との併用によって，優良な絹物商品の大量かつ継続的な仕入れの確保に貢献したのである。その結果図4-9をみれば明らかなように，江戸店の売上高は享保14（1729）年6,727貫745匁から，延享2（1745）年13,835貫322匁へ，大坂店の売上高は享保14（1729）年1,936貫518匁から，元文4（1739）年6,083貫346匁へ飛躍的に上昇し，優位性を確立，維持していったのである[21]。この越後屋の急成長を支えるうえで，上州の買宿制度の確立による大量かつ安定的な商品の調達が不可欠なものになっていたと言える。

　したがって，越後屋では既存の仕入経路からの依存度を下げていく形で新たに構築した買宿による仕入経路を併用することができたため，呉服需要の増加に伴う交渉力の低下を回避するだけでなく，既存の絹物の取引先に対する牽制力に基づいて，仕入れにおける有利な取引条件を引き出すことが可能になった。そして，売上の成長を支える仕入れの効果は後述する伯州より上州で顕著であり，この時期に越後屋は大店すなわち大規模呉服小売商としての地位を確立したことが確認される。このように，買宿設置で流通・調達機能を作り出すことにより良質な商品の大量仕入れが可能になり，このことが大規模小売商の成立を促す1つの条件となったのである。また享保元（1716）年から延享2（1745）年にかけて，第8代将軍徳川吉宗が行った享保の改革という江戸幕府の財政改革があり，質素倹約が奨励され贅沢は戒められていた時期にもかかわらず，売上を伸ばしているのである。

　さらに言えば，越後屋による高品質でなおかつ安価な商品供給量の増大は，呉服は高級なものという江戸の消費者の意識を変え，購買意欲を刺激していったのである。そしてより多くの消費者に受け入れられ，絹物が身近なものとなり，江戸での消費の活発化をもたらし，商品経済化を促進させていった。そして図2-1に示したように，日本経済の成長傾向に呼応して，越後屋では競争力をつけて呉服売上高を伸ばしているのである。

図4-9 呉服店売上高の推移

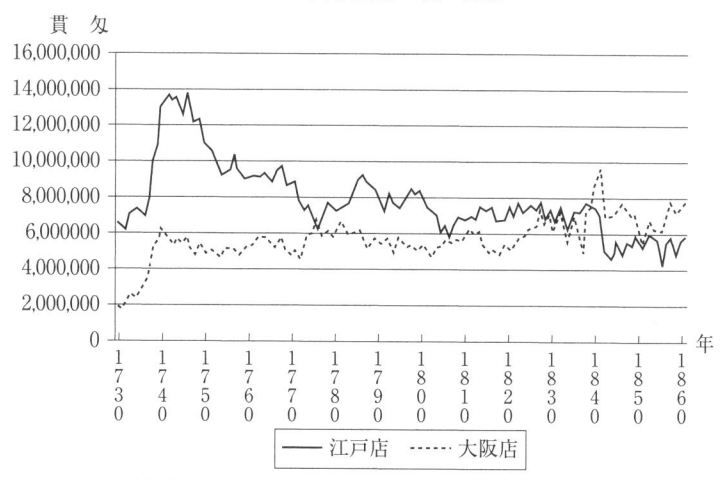

(出所) 「目録吟味寄」(三井文庫所蔵史料 本837～838, 本845～846,「店々惣目録吟味寄」(同 本851～864) より作成。

第4節　八王子と青梅への買宿制度の移転・拡大

　越後屋は関東北部の八王子と青梅という近隣の産地にも注目し，上州で蓄積した仕入経路開拓能力を活用・発揮していった。すなわち，上州で構築・維持した買宿制度を八王子と青梅にも移転していくことで，産地開拓を積極的に推進し，仕入量の拡大を目指していった。

　越後屋が八王子と青梅に進出する頃には，上州の進出時と取扱量という点で異質であった。すなわち越後屋は，取扱量の増大に伴う買方役の人材不足に悩んでいた。そのため経験年数の低い使用人までをも，産地の買方役にまわさざるを得ない状況であった。このため「八王子買方式目」と「青梅買方式目」で買宿を管理・掌握していった。

　まず買宿亭主に対して派遣された買方役の仕入れについても，目を光らせる

ように次のような指示も行っていた。

一、八王子買方之儀是迄代買ニ而調来候処いつとな具代品物風合吟味方相佗買旬之差略嶋模様等当地存念ニ入リ兼候ニ付此度新に仕法相立買方役差向ニ而直買致さ勢候尤失却等彼是相障る事ニ候得者夫だけ買元に利潤無之而者難済道利ニ候僑又買宿亭主者永〻之義右同様之心掛にて手前買もの何卒世間買方より者格好能買入候様気配専要ニ候畢竟買方ニ差遣し候手代者年若にて土地不案内之事勿論折々新役に相替り候へ者自然目利も行届申間敷買方手代共罷帰候得者猶更之儀ニ候得者只、買もの善悪者宿主人之働ニ有之候右心掛薄仕向不宣時者格好よろしき品世間ヘ被取剰世上評判ニ拘京江戸店損失広太之義ニ候条此処能〻相考真実ニ気を籠呉々買方手違無之様懸引可仕事[22]

言い換えれば買方役だけでは、取扱商品が大量で持ち込まれた商品のすべてに目が行き届きにくいために、仕入商品の検査要員として庭造役を雇用して、一定の品質水準以上の商品を仕入れることを目指していることが読み取れよう。

一、代買之衆中より市買之品被致持参候ハ者本形并ニ直買之品と能〻見競不格好之品者不及申不向之振合あるひハ島建色無勢等悪敷代品物又者注文ニ無好品者聊無遠慮差戻細吟之上相調可申事乍去買役之一了簡にて者目利も届かたく其ため庭造役雇置事ニ候得者立会候而飽迄も評儀批判之上相調定置候口銭相払可申候然者弥買物之善悪者買方役庭造之目利ニ止り候間平生無油断至極大切ニ相心得可申事[23]

さらに青梅では、次のように荷物はすぐに本店に送り、買方役が買いだめすることがないように利ざや稼ぎの防止も監視していた。

一、旅宿ニ而金銀無心当座貸等申掛候共一銭茂取替申間敷候惣躰買金遊取不申様荷物手早ニ差出シ買溜無之様掛引可致候事[24]

第4節　八王子と青梅への買宿制度の移転・拡大

　そして次の項目から若い買方役，その土地のわからない新しい買方役が出向くので，目利き違いで損失を被らないよう買宿亭主と庭造役の両方が，職務遂行上の補助をしていたことがうかがえる。

一，買方役差向直買致させ候得者夫丈ヶ失却相掛然者代買ゟ餘程下直ニ無之候而者道理当り不申尤買宿主人掛引可被致候得共相場之儀者天性致方無之何分縞模様風合宜品而巳買入相成候様可心掛候買方役申付候手代若年にて土地不案内折々新役罷越代品物目利も不行届候得者買物善悪者宿主人并庭造役働ニ有之候得者真実に気を籠買方手違無之様厚掛引心配可被致事(25)

　また越後屋から派遣する買方役を管理するために，買方役の心得を読み聞かせることによって，きちんと買方式目を頭に入れさせようとした。

一，江戸出立前旅買方式目為読聞候修ヽ急度相守可申候旅宿に罷在といへとも江戸店勤仕者朝暮相替儀無之候土地隔たる故不知様ニ存族も可有哉是等甚愚なる事ニ候別而其地者日ヽ之往来ニ候得者善悪とも不移時目相聞へ候間此旨能ヽ相心得逗留中身持正敷実心に出情可相勤候唯人は顯な類所にて能勤申事人綸之正道也，或者文章弁舌を以誤事も一旦者申援候とも謀斗者天利を以空敷例不少此利常ヽ致思慮萬端以廉直ニ勤仕之外他事有之間敷事(26)

　さらに次に示すように越後屋から派遣された買方役には直接的管理が及ばないので，買宿にも博奕，大酒等しないよう監視して欲しいと指示している。

一，博奕諸勝負三笠附之類一銭之義にても堅仕間鋪事
一，大酒堅無用ニ候無拠儀在之候とも程に過ざ流様相心得可申事
　　附　喧嘩口論ケ間鋪義堅相慎可申候
一，遊女狂ひ者不及申遊芸等堅仕間敷候買方手透之せつ抔相勤申族在之候とも家之法度ニ候条此旨能ヽ相心得若違背においては可為越度事(27)

74　第4章　絹物の買宿制度の創出と管理

表4-2　越後屋と買宿との契約締結の推移

三井越後屋		買宿	年月	三井越後屋		買宿
京本店買物見継	藤田与三兵衛	井田林右衛門	文政3年3月	江戸向店買方役	増田藤吉	井田林右衛門
江戸向店買方役	中角兵衛		文政3年8月	江戸向店買方役	増田藤吉	井田林右衛門
江戸向店買方役	御村次兵衛		文政4年3月	江戸向店買方役	青山市三郎	井田林右衛門
江戸向店買方役	御村治兵衛		文政4年9月	江戸向店買方役	加藤長三郎	井田林右衛門
江戸向店買方役	御村次兵衛		文政5年春	江戸向店買方役	青山市三郎	井田林右衛門
江戸向店買方役	御村次兵衛		文政5年8月	江戸向店買方役	中西専次郎	井田林右衛門
江戸向店買方役	御村孝次郎		文政6年3月	江戸向店買方役	滝桑弥次郎	井田林左衛門
江戸向店買方役	近口為次郎	井田林右衛門	文政6年9月	江戸向店買方役	中村新次郎	井田佐左衛門
江戸向店買方役	山口為次郎		文政7年8月	江戸向店買方役	沼根鉄三郎	井田佐左衛門
江戸向店買方役	御村次兵衛		文政8年8月	江戸向店買方役	飯塚長次郎	井田佐左衛門
江戸向店買方役	三谷定次郎	井田林右衛門	文政9年2月	江戸向店買方役	明石佐七	井田佐左衛門
江戸向店買方役	生川藤七		文政9年8月	江戸向店買方役	中彦四郎	井田佐左衛門
江戸向店買方役	成河藤七	井田林右衛門	文政9年9月	江戸向店買方役	明石佐七	井田佐左衛門
江戸向店買方役	宮田安次郎		文政10年2月	江戸向店買方役	向井安次郎	井田佐左衛門
江戸向店買方役	成田藤七		文政10年8月	江戸向店買方役	山口彦壱郎	井田佐左衛門
江戸向店買方役	中西米次郎	井田林右衛門	文政11年3月	江戸向店買方役	向井安次郎	井田佐左衛門
江戸向店買方役	米木丈助		文政11年8月	江戸向店買方役	橘本忠三郎	井田佐左衛門
江戸向店買方役	米木丈助	井田林右衛門	文政12年3月	江戸向店買方役	鈴木藩士	井田佐左衛門
江戸向店買方見継	天田新右衛門	井田林右衛門	文政12年9月	京店買方役見廻り	大矢伝四郎	
江戸向店買方役	米木丈助		天保12年9月	江戸向店買方役	鈴木藩吉	井田佐左衛門
江戸向店買方役	米木丈助	井田林右衛門	天保13年3月	江戸向店買方役	鈴木藩吉	井田佐左衛門
江戸向店買方役	米木丈助	井田林右衛門	天保13年3月	京店買方繕	中塚孫兵衛	
江戸向店買方役	増田茂兵衛	井田林右衛門	天保13年9月	江戸向店買方役	山路友吉	井田佐左衛門
江戸向店買方役	増田茂兵衛		天保13年10月	京店買方見廻り	奥村磯五郎	井田佐左衛門
江戸向店買方役	高山藤兵衛		天保2年2月	江戸向店買方役	鈴木藩士	井田佐左衛門
江戸向店買方役	米木丈助	井田林右衛門	天保2年9月	江戸向店買方役	南出七三郎	井田佐左衛門
江戸向店買方役	増田茂兵衛	井田林右衛門	天保3年3月	江戸向店買方役	服部惣兵衛	井田佐左衛門
江戸向店買方役	増田茂兵衛		天保4年4月	江戸向店買方役	中川孫七	井田佐左衛門
江戸向店買方役	増田喜四郎		天保4年9月	江戸向店買方役	堀内甚四郎	井田佐左衛門
			天保4年10月	京都本店買方見繕	山下建蔵	

第4節　八王子と青梅への買宿制度の移転・拡大　75

年月	役職	人名	支配人	年月	役職	人名	支配人
文化2年3月	江戸向店買方役	長谷川文六	井田林右衛門	天保4年10月	京都本店買方見廻り	山岸福蔵	
文化2年8月	江戸向店買方役	高山久兵衛	井田林右衛門	天保5年9月	江戸向店買方役	三村栄次郎	井田佐左衛門
文化3年8月		中村久七	井田林右衛門	天保5年9月	京都本店買方見廻	中井茂兵衛	
文化4年3月	江戸向店買方役	増田茂兵衛	井田林右衛門	天保6年8月	江戸向店買方役	村林久七	井田佐左衛門
文化4年9月	江戸向店買方役	増田茂兵衛	井田林右衛門	天保7年9月	江戸向店買方役	中川徳次郎	井田佐左衛門
文化5年3月	江戸向店買方役	黒野政次郎	井田林右衛門	天保8年9月	京都本店買方見廻役	市川忠三郎	
文化5年9月	江戸向店買方役	中村久七	井田林右衛門	天保9年9月	江戸向店買方役	増田助三郎	井田佐左衛門
文化6年8月	江戸向店買方役	黒野政次郎	井田林右衛門	天保10年3月	江戸向店買方役	増木平三郎	井田佐左衛門
文化6年3月	江戸向店買方役	黒野政八郎	井田林右衛門	天保10年9月	江戸向店買方役	村上又次郎	井田佐左衛門
文化7年3月	江戸向店買方役	黒野政次郎	井田林右衛門	天保10年9月	京都本店買方見廻役	佐藤利七	
文化7年9月	江戸向店買方役	坂井彦七	井田林右衛門	天保11年3月	江戸向店買方役	井上仁助	井田佐左衛門
文化8年3月	江戸向店買方役	坂井彦七	井田林右衛門	天保11年3月	江戸向店買方役	村田三郎	井田佐左衛門
文化8年9月	江戸向店買方役	奥村源四郎	井田林右衛門	天保11年9月	江戸向店買方役	北出仁助	井田佐左衛門
文化9年3月	京本店買方見廻	坂井彦七		天保12年9月	江戸向店買方役	北出仁助	井田佐左衛門
文化9年8月	江戸向店買方役	坂井彦七	井田林右衛門	天保13年3月	大坂本店買方見廻	北川伊助	
文化10年3月	江戸向店買方役	増田藤吉	井田林右衛門	天保13年9月	江戸向店買方役	今村半治郎	井田佐左衛門
文化11年3月	江戸向店買方役	増田藤吉	井田林右衛門	天保15年8月	江戸向店買方役	増木丈蔵	井田佐左衛門
文化11年9月	江戸向店買方役	坂井彦七	井田林右衛門	天保15年11月	江戸向店買方役	日根啓三郎	
文化12年3月	江戸向店買方役	増田藤吉	井田林右衛門	弘化2年9月	江戸向店買方役	前田直三郎	井田佐左衛門
文化12年9月	江戸向店買方役	中西仙次郎	井田林右衛門	弘化4年7月	江戸向店買方改	浦田彦五郎	
文化13年3月	江戸向店買方役	坂井彦七	井田林右衛門	弘化4年8月	江戸芝口店	河田市次郎	井田林右衛門
文化13年8月	江戸向店買方役	中西仙次郎	井田林右衛門	嘉永3年3月	江戸向店買方見廻	中西彦三郎	
文化14年7月	江戸向店買方役	坂井彦七	井田林右衛門	嘉永3年9月	江戸向店買方役	中西彦三郎	
文化14年9月	江戸向店買方見廻	増田藤吉		嘉永5年9月	向店買方見廻	岡田岩次郎	
文政元年9月	江戸向店買方見廻	長谷川半兵衛	井田林右衛門	安政5年3月	向店買方役	石井政七	
文政元年11月	江戸向店買方役	瀧桑平衛門	井田林右衛門	安政5年10月	京本店買方見廻役	善仲佐三郎	
文政2年3月	江戸向店買方役	田中直吉	井田林右衛門	万延元年9月	向店買方見廻り	上原仙三郎	
文政2年8月	江戸向店買方役	瀧桑平次郎	井田林右衛門	文久元年11月	向店買方見廻り	山本半七	
				明治2年11月	京本店動工面合作	土井小助	
				明治3年10月	東京本店買方見廻り	土田次郎助	
					大坂兵服店別宅	土田次郎趿	

(出所)「八王子買方式目」(三井文庫所蔵史料　特1021)より作成。

第4章 絹物の買宿制度の創出と管理

　青梅でも，買方役を管理するために，次の規定にあるように博奕，大酒等の一般的心得を定めている。

一，博奕諸勝負三笠附之類一銭之儀ニ而茂堅仕間敷事
　　　但　両中其外手透之節他所之仁相招盤将賭録抔之手慰堅致間敷候若用ひさる族有之候ハ，買宿主人内、江戸表ニ可被致通達候
一，大酒堅無用ニ候無拠儀有之候とも程ゝ過ざ類様相心得可申事
　　　附　喧哢口論ケ間敷儀堅く相慎可申候
一，遊女狂ひ者不及申遊芸等堅く仕間敷候買方手透之節抔相勤〆申族有之候とも家之法度候条此旨能ゝ可相心得候若於違背者可為越度事
　　　附　狂歌俳人抔と懇意ニ致候而者肝心之買方麁畧ニ相成候間右等堅相慎可申事[28]

　八王子と青海にても買宿制度を移転し仕入拠点を拡充した結果，江戸向店の買高は文化8 (1811) 年，八王子において銀114貫856匁，青梅において銀49貫135匁に達し，仕入量を確保することができた[29]。このように，買宿制度は，八王子と青梅といった他の絹物の産地においても移転され，制度の拡大を図っていき，絹物の大規模取引の成功の模範となったのである。また買宿制度を他の産地にも拡大することで，既存問屋からの仕入れの依存度を引き下げていった。そして越後屋では，商家内に絹物において仕入経路構築能力・仕入経路維持能力を蓄積したのである。また絹物の調達先が多様化することで，産地ごとに絹物という同一商品内での商品多様化が促進され，消費者の商品選択の幅をより一層広げていったのである。

　なお表4-2から，越後屋と八王子の買宿である井田林右衛門（井田佐左衛門）との間に，70年以上にわたり長期継続的取引関係が締結されていることが確認できる。

(1)　豊泉 (1955)，pp. 72-73。
(2)　「目録帳」（三井文庫所蔵史料 本1747）。

（3） 生産者が小規模・多数で分散している時，商品を買い集める収集・集積機能を果たす過程で，卸売商の機能が多段階に分かれていった。
（4） 群馬県史編さん委員会編（1991），p. 318。
（5） 「高崎買宿申渡礼証文之控」（三井文庫所蔵史料 本1571-10）。
　なお買宿との契約は三井本店と結ばれており，買宿は三井本店が管理していた。三井本店の業務の1つに越後屋の呉服商の業務があり，以下では越後屋に統一して記述する。上州に買宿は複数あり，そのうち大谷長兵衛との取引契約書が現存している。
（6） 古沢清左衛門の記述については，井上（1976）による。
（7） 延享元（1744）年の記録による。
（8） 井上（1976），p. 66。
（9） 「上州店式目」（三井文庫所蔵史料 本464-1）。
（10） 「上州店式目」（三井文庫所蔵史料 本464-1）。
（11） 井上（1976），p. 71。
（12） 「上州店式目」（三井文庫所蔵史料 本464-1）。
（13） 「上州店式目」（三井文庫所蔵史料 本464-1）。
（14） 「上州店式目」（三井文庫所蔵史料 本464-1）。
（15） 「上州店式目」（三井文庫所蔵史料 本464-1）。
（16） 「江戸向店目録吟味寄」（三井文庫所蔵史料 本839）。
（17） 群馬県史編さん委員会編（1991），pp. 279-281。
（18） 林（1967），p. 118。
（19） 財団法人三井文庫編（1980a），p. 165。
（20） 財団法人三井文庫編（1980a），p. 163, 165。
（21） 「江戸本店目録吟味寄秋季」，「江戸本店目録吟味寄春季」，「大坂本店目録吟味寄春季」，「大坂本店目録吟味寄秋季」（三井文庫所蔵史料 本837, 本838, 本845, 本846）。
（22） 「八王子買方式目」（三井文庫所蔵史料 特1021）。
（23） 「八王子買方式目」（三井文庫所蔵史料 特1021）。
（24） 「青梅買方式目」（三井文庫所蔵史料 本463-2）。
（25） 「青梅買方式目」（三井文庫所蔵史料 本463-2）。
（26） 「八王子買方式目」（三井文庫所蔵史料 特1021）。
（27） 「八王子買方式目」（三井文庫所蔵史料 特1021）。
（28） 「青梅買方式目」（三井文庫所蔵史料 本463-2）。
（29） 財団法人三井文庫編（1980a），p. 438。

第 5 章 木綿の買宿制度の移転と進化

――伯州を中心として――

【三井高祐】木綿への買宿設置を決断した経営者。木綿仕入れの整備により,越後屋は優位性を維持することになる。

(資料) 三井記念美術館蔵。

第1節　商品市場の変化

1. 木綿市場の台頭

　越後屋では，前掲図4-9に示されるように，江戸店の売上高は，延享2(1745)年13,835貫322匁を境に減少に転じ，その後も低下傾向を示し，安永5(1776)年には6,318貫811匁まで落ち込む。同様に，大坂店の売上高も，元文4(1739)年6,083貫346匁から明和8(1771)年4,513貫223匁へと減少傾向を示し，売上が停滞するという事態が続いた。そのことは大坂店より江戸店で売上の落ち込みが激しく，大坂店はほぼ横ばいで推移している。ここに上州の買宿制度(かいやどせいど)の限界が見受けられる。このような状態を招いた原因の1つを，次の2つの史料からうかがうことができる。まず示すのは越後屋が加入する江戸呉服仲間から桐生絹買仲間へ織物類の品質に対する要望書である。

安永七年戌六月連札⁽¹⁾

一筆啓上仕候，先以，向暑候得共，其御地各様方，御家内御揃，彌御安康ニ被成御座，珍重御義奉存候，然者，古来織物類短尺に付，商売之障りニ相成，一統之難儀に御座候ニ付，御願申上候一儀，左に，

一，紗綾類　　　　　織卸くじら尺　　　三丈四尺
一，立紋　　　　　　常幅　　　　　　　六丈くじらさし
一，同五分壱寸　　　　　　　　　　　　六丈弐尺
一，片衣絽，紗　　　　　　　　　　　　弐丈八尺

右従古来，定尺急度可有之之義，御座候所，近来尺ニ不同有之，間合不申，甚都合悪敷候間，是迄織込候分は格別，此以後，御折(織)始候所々右望尺之通，御織立候様ニ，此趣，各様方被仰合，其出場所へ，堅く申達し被下候様ニ，呉々御願申上候，尚当

地ニ而も，問屋中呉服屋仲間参会之上，致相談，八朔市より御調かひ候品々，望尺之譽へ壱寸ぬけ候而も，御買取被成間敷様ニ，急度相談相極申候，勿論直段之義ハ，目方応候儀，随分致承知居申候，此段先々江，具ニ御通達被下候様奉願上候，先ハ右可得御意連印以，如此ニ御座候，恐惶謹言

　　戌六月廿一日

　　　　　　　　　　　　　　　　　　　　白木屋彦太郎　　（印）
　　　　　　　　　　　　　　　　　　　　越後屋八郎右衛門（印）
　　　　　　　　　　　　　　　　　　　　大丸屋庄右衛門　（印）
　　　　　　　　　　　　　　　　　　　　　　　　他十七名

玉上甚左衛門様
　　　他六名

　すなわち織物類が短尺でしかも尺に不同があるので，品質について具体的な統一基準を設けてその基準を守るように，桐生絹買仲間に要望して品質指示をしていることが確認できる。このように産地へ積極的に関与していったため，圧力を強める越後屋への嫌悪感が増し，桐生絹買仲間にとっては取引が有利ではなかったと言えるだろう。

　また表5-1に示されるように，越後屋と買宿である古沢清左衛門との取引関係からもみてとれる。これによると宝暦5（1755）年，宝暦6（1756）年，明和元（1764）年，明和2（1765）年，明和3（1766）年，明和5（1768）年，明和7（1770）年には，越後屋に対する取引依存度が100％であるが，安永期（1772-1781年）になると，その比率が低下傾向にあることが読み取れる。これは越後屋が買宿へ品質吟味で厳しく指示していたため徐々に取引を敬遠し，他方で，古沢清左衛門との取引を望む同業者の袋屋利兵衛，寺田屋佐兵衛，小津儀兵衛，長野儀兵衛，河崎長兵衛，大沢源二郎の6商家がより良い取引条件を提示してきたことにより，それらの商家との取引が拡大したためと考えられる。

　これら2つの史料から，買宿を設けても上州地域を独占することは困難をきたし，競合商人との競争関係の中で仕入量を確保できず，呉服売上高は落ち込

表 5-1　古沢家の絹買送状況取引相手の推移

(単位：両)

年	越後屋	結城屋源右衛門	袋屋利兵衛	寺田屋佐兵衛	小津清左衛門	長野儀兵衛	河崎長兵衛	島屋久兵衛	玉上利右衛門	大沢源三郎	河村善右衛門	中清	一文字屋庄右衛門	その他	合計	越後屋への取引依存度(%)
寛延3(1750)年	1,510	105													1,615	93.5
宝暦元(1751)年	970	147													1,117	86.8
宝暦2(1752)年	1,037	115													1,152	90.0
宝暦3(1753)年	1,076	55													1,131	95.1
宝暦4(1754)年	690	105													796	86.7
宝暦5(1755)年	583														583	100.0
宝暦6(1756)年	709														709	100.0
宝暦7(1757)年	585	52													637	91.8
宝暦8(1758)年	320	63													383	83.6
宝暦9(1759)年	545	191						28							764	71.3
宝暦10(1760)年	296	71													367	80.7
宝暦11(1761)年	157														157	100.0
宝暦12(1762)年	336						49	14							399	84.2
宝暦13(1763)年	206							80							286	72.0
明和元(1764)年	328														328	100.0
明和2(1765)年	132														132	100.0
明和3(1766)年	750														750	100.0
明和4(1767)年	917	72								149	61	45			1,244	73.7
明和5(1768)年	519														519	100.0
明和6(1769)年																
明和7(1770)年	163														163	100.0
明和8(1771)年	103		90	20		10								6	229	45.0
安永元(1772)年	160		39	12	25	8								74	318	50.3
安永2(1773)年	253		99	75	14	10	10							39	500	50.6
安永3(1774)年			43	27	17	4	12							25	128	0
安永4(1775)年	89		58	34	15	8	7							23	234	38.0
安永5(1776)年				43	12	6								8	69	0
安永6(1777)年	140				3	10									153	91.5
安永7(1778)年	400			29	12		5							9	455	87.9
安永8(1779)年					10							29		9	48	0
安永9(1780)年					11										11	0

(出所)　井上(1976)，pp. 72-73 より作成。

んでいったと考えられる。また宝暦の大火，明和の大火，天明の飢饉によって，大名武士等特権階級の購買力が落ち込んだことも，事態の深刻さに拍車をかけることになった。

こうした状況にもかかわらず，越後屋では，三井高方（みついたかかた）（5代目八郎右衛門）から三井高清（みついたかきよ）（9代目八郎右衛門）にかけて，抜本的な対策を打てない綱渡りの状況が続いた。これについては，J. ヒルシュマイヤー・由井（1977）によると，家法が越後屋の安定的な存続をする上で大きな役割を果たす反面，商家の活動を保守的なものにし革新が起こせなかったという指摘がある。その上既存顧客の維持・確保を最優先に考えていたため，これらの固定客が革新の障害になっていたこともあげられる。そのため，固定客を保ちながらどこまで革新を推し進められるかが課題となった。

一方で絹物の需要が硬直化し，商品市場の新たな情勢の変化が生まれてきた。江戸・大坂を始めとする大都市において，大名・武士等特権階級ばかりでなく新しく町人，職人，商業者といった庶民層の需要が急速に立ち上がってきた。寛永11（1634）年に江戸の町人の人口が148,719人であったが，明和5（1768）年には508,467人に達している。また大坂では寛永2（1625）年町人の人口が279,610人であったが，明和5（1768）年には410,642人に増加している[2]。こうした都市市場の発達に伴って，江戸・大坂を始めとする大都市において，呉服の需要が絹物から木綿へと移行していった。

商家内の経営状態の悪化を重くみた三井高祐（みついたかすけ）（10代目八郎右衛門）は，この庶民層の増大を市場機会と捉え，製品戦略を転換していった。そして大名・武士等特権階級ばかりでなく，庶民層の掘り起こしに重点を置いていった。それに合わせて成長戦略の柱として，従来までの絹物へ特化するという方針を転換し，木綿への本格的な進出を試みていった。それには絹物の投資で回収された収益を，新規の商品分野である木綿に振り向けることで調達機構の整備に乗り出し，新たな収益源に育成しようとした。つまり木綿への投入によって呉服売上高の低迷から脱却し，他の都市呉服店に奪われた市場占有率を巻き返そうとしたのである。

2. 江戸木綿問屋仲間からの調達量の限界

庶民層の取り込みのためには，木綿の安定的な調達を確保しなければならなかった。越後屋では，従来，木綿については勢州木綿，尾州・三州木綿，大坂木綿，関東木綿，京都桟留縞木綿を取り扱っていて，それらを問屋・仲買を通じて仕入れていた[3]。例えば表5-2にみられるように，尾州名古屋吹原家からの白子組（江戸木綿問屋仲間）木綿仕入高によると，越後屋（越後屋八郎兵衛）の仕入量は，蛭子屋八郎左衛門，白木屋彦太郎，伊豆蔵屋吉右衛門の後に続く仕入量であり，同様に表5-3にみられるように，勢州三重郡野崎家からの白子組（江戸木綿問屋仲間）木綿仕入高によると，越後屋（越後屋八郎兵衛）の仕入量は，柏屋孫左衛門，大黒屋吉右衛門，白木屋彦太郎，大丸屋正右衛門に次ぐ仕入量であって，いずれも上位の呉服商と比較すると，少量であることがわかる。

表5-2　尾州名古屋吹原家からの白子組（江戸木綿問屋仲間）木綿仕入高

（大村家所蔵文書「尾州名古屋吹原氏より書上写」による）

店　名	反　数			金　額								
	天明7年	天明8年	寛政元年	天明7年			天明8年			寛政元年		
				木綿代	口銭造用	合計	木綿代	口銭造用	合計	木綿代	口銭造用	合計
	反	反	反	両	両	両	両	両	両	両	両	両
蛭子屋八郎左衛門	44,100	46,400	27,100	5,591	94	5,685	6,837	104	6,941	3,960	61	4,021
白木屋彦太郎	37,800	33,000	39,600	5,454	85	5,539	4,909	105	5,014	5,835	89	5,924
伊豆蔵屋吉右衛門	27,500	33,500	39,500	3,597	58	3,655	4,724	73	4,797	5,227	86	5,313
越後屋八郎兵衛	23,900	29,700	17,300	3,275	53	3,328	3,584	55	3,639	2,341	37	2,378
柏屋孫左衛門	22,100	18,800	21,400	2,720	44	2,764	2,546	40	2,586	2,786	44	2,830
大丸屋正右衛門	21,800	18,300	19,600	3,031	47	3,078	2,697	41	2,738	2,787	43	2,830
大黒屋吉右衛門	17,900	23,500	11,600	2,220	36	2,256	3,097	44	3,141	2,103	34	2,137
亀屋七左衛門	16,200	15,650	17,200	2,163	34	2,197	2,208	34	2,242	2,519	39	2,558
大黒屋三郎兵衛	14,000	16,100	12,600	1,846	29	1,875	2,245	35	2,280	1,733	27	1,760
槌屋幸助	7,300	8,300	4,600	963	15	978	1,133	20	1,153	633	10	643
升屋九右衛門	6,200	5,200	8,500	878	14	892	720	11	731	1,258	19	1,277
升屋太兵衛	6,100	5,800	7,500	865	13	878	871	13	884	1,081	17	1,098
嶋屋市郎左衛門	1,150	4,400	1,500	181	3	184	697	10	707	254	3	257
総計	246,050	258,650	228,000	32,784	525	33,309	36,268	585	36,853	32,517	509	33,026

（出所）林（1963），p. 31。

表5-3 勢州三重郡野崎家からの白子組（江戸木綿問屋仲間）木綿仕入高

(野崎家所蔵文書「木綿売買値段附書上帳」による)

店 名	反数		金額					
	天明8年	寛政元年	天明8年			寛政元年		
			木綿代	口銭造用	合計	木綿代	口銭造用	合計
	反	反	銀貫匁	銀貫匁	銀貫匁	銀貫匁	銀貫匁	銀貫匁
柏屋孫左衛門	32,800	27,500	256.242.92	4.596.02	260.838.94	226.728.70	3.972.27	230.700.97
大黒屋吉右衛門	6,900	5,900	52.111.71	948.90	53.060.61	47.014.17	835.94	47.850.11
白木屋彦太郎	3,300	2,000	25.961.90	464.17	26.426.07	15.761.20	281.61	16.042.81
大丸屋正右衛門	2,600	1,800	22.768.45	388.88	23.157.33	16.349.90	275.09	16.624.99
越後屋八郎兵衛	2,400	500	22.156.09	370.35	22.526.44	4.982.31	80.82	5.063.13
升屋九右衛門	1,700	1,000	15.271.78	258.11	15.529.89	8.385.27	145.85	8.531.12
嶋屋市郎左衛門	600	300	5.225.25	89.45	5.314.70	2.110.00	46.70	2.156.70
総計	50,300	39,000	399.738.10	7.115.88	406.853.98	321.331.55	5.638.28	326.969.83

(出所) 林 (1963), p.32。

　こういった中で，さらなる仕入量を確保するため候補地として検討されたのが，新たに木綿の産地として形成されつつあった伯州である。ただし庶民層の取り込みは，越後屋がこれまで構築・維持してきた銘柄像を低下させ，銘柄忠誠・店舗忠誠をしてきた優良顧客の離反を招くことが懸念され苦悩が続いた。この葛藤を克服するために，絹物で成功した買宿制度の木綿への適用可能性を模索していくのである。これについては，商家内に絹物の調達を通じて買宿制度を利用して商品調達するための仕入経路構築能力が，蓄積されていた。そこで伯州に買宿制度に関わる知識・能力を移転・活用することで，木綿においても仕入面での優位性を形成していくのである。しかし，それは試行錯誤に満ちた問題解決の過程であった。

第2節　三井高祐の仕入戦略
――買宿制度の新展開――

　伯州木綿は図5-1に示されるように生産と消費が未成熟で，伯州で生産されて消費される地域的な商品であった。また江戸・大坂を始めとする大市場か

図 5-1 伯州の伝統的流通機構 （天明2（1782）年以前）

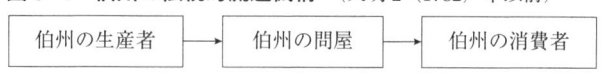

```
伯州の生産者 → 伯州の問屋 → 伯州の消費者
```

ら地理的に掛け離れていて，供給量も十分ではないため全国市場での知名度は皆無に近かった。それだけに伯州の産地開拓は容易ではなく，三井高祐はそれを可能にするために，仕入革新を起こし未開拓の地に果敢に挑戦していくのである。

伯州の産地開拓に当たって主要課題は，生産・流通条件の整備にあった。この課題を克服するため，天明元（1781）年，伯州の西紙屋佐兵衛のもとへ紅花買付けに訪れた越後屋の買方役である橋本甚兵衛によって，伯州にも木綿が多数生産されていることを知ることになり[4]，かねてより木綿に関心を示していた三井高祐はその情報に基づいて，天明2（1782）年，伯耆国赤崎村の有力商家である西紙屋を新たに買宿とすることで伯州の産地開拓に乗り出し，木綿においても強固な仕入機構を構築していくのである（図5-2）。すなわち，上州と同様に産地の有力商家と連携した共同革新であった。

伯州の産地開拓は，越後屋にとって次のような利点があった。第1に，新しい産地であり，卸売商支配による流通機構が結成されておらず，比較的容易に産地へ進出することができた。それには既存の卸売商に対する既得権益・対抗措置を考えなくてすむ，という利点があった。第2に，産地を独占できたことである。都市呉服商が上州，桐生，足利と関東北部を中心に仕入範囲を拡大していったのに対して，伯州は未開拓で知名度の低い産地であった。そのため，優秀な織元を優先的に確保することができたのである。

他方の買宿側も，越後屋の産地開拓によって，これまで藩内で生産され消費されていた木綿が，江戸・大坂を始めとする大都市の消費者を対象とした木綿の生産に切り替わっていくことで，生産量・取扱量を増大させていったのである。

第2節　三井高祐の仕入戦略　87

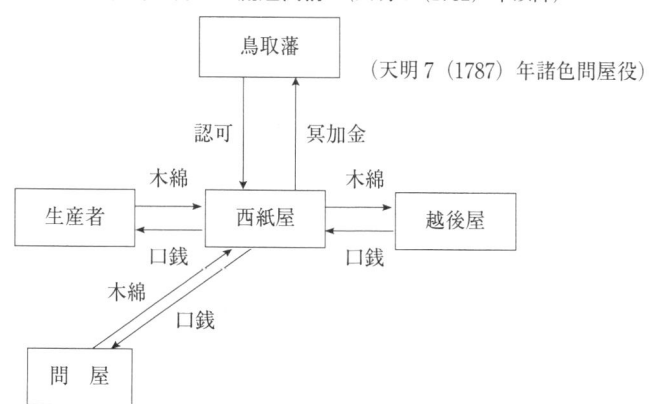

図5-2　伯州の新しい流通機構　(天明2 (1782) 年以降)

```
                    ┌──────┐
                    │ 鳥取藩 │    (天明7 (1787) 年諸色問屋役)
                    └──────┘
                   認可↓ ↑冥加金
      木綿      ┌──────┐    木綿
 ┌─────┐ →  │ 西紙屋 │ ←  ┌─────┐
 │ 生産者 │     └──────┘     │ 越後屋 │
 └─────┘ ←              → └─────┘
       口銭    ↑ ↓     口銭
         木綿 │ │
              │ │ 口銭
            ┌─────┐
            │ 問　屋 │
            └─────┘
```

1. 取引契約書の商家内移転

　上州の買宿制度で，取引開始に当たって，取引契約書を作成した方が取引先との関係を円滑に進めることを学習していたので，西紙屋との取引開始に当たって，次のような取引契約書が締結されている。

被仰渡候覚[5]

一，此度，綿木綿御買宿被仰附難有仕合奉存候，然ル上ハ御店御家法有之候支故，一、被仰付候，決而違背仕間敷支
一，金銀御買方役人様御持下被成候時ハ，私方江預り置，則金銀預り帳へ印形いたし，扱金銀出入之節ハ，夫々御答申致出入御勘定仕立可申支
一，御買方役人様御下不被成御買金相送り被下候儀，親類私方殊ニハ御店御家法も有之儀ゆへ，慥成一札差上可申旨，御尤承知仕候，則一札差上候支
一，御買宿被仰付候支故，御定之口銭被仰付難有仕合ニ奉存候，然上ハ誠ニ於御買方聊ニても，私欲ケ間敷儀，致申間敷支
一，御買方役人様，御下り被成候時ハ，朝夕之御食物家内同様ニいたし，少しニて

も馳走ケ間敷儀、致申間敷候、且国所之法度為相守可申事
右之趣遂一奉畏候、私儀ハ勿論子孫永〻疫与為相守、大切相勤可申候、仍而御請如件

　　　天明弐年　　　　　　　　　　　　　　　　　　　伯州赤崎御宿
　　　　　寅十月日　　　　　　　　　　　　　　　　　　　紙屋佐兵衛
　　京三井御本店
　　　　御支配人中様
　　　大坂御同
　　　　御支配人中様

一、此度中西宇右衛門罷下右一件致示合、則本書印形取之持登申候、然者已後右書附之趣、無相違実心ニ相心得可被申候、且買方ニ下候者江猶又疾与御読聞為聞、諸事相慎候様御示談可被遣候、依而奥書如件
　　　　　　　　　　　　　　　　　　　　　　　　　　京本店支配人
　　　　　　　　　　　　　　　　　　　　　　　　　　中西宇右衛門（印）

　この証文は越後屋から買宿に対して、買方役人の持参あるいは送金を管理すること、出入金の帳簿、口銭、買方役人の朝夕の食事等についての決まりごと等を定めている。とりわけ、次の2点において両者の取引関係が明らかとなる。第1に、買宿である西紙屋の経営行動を制限する規定が盛り込まれている。「此度、綿木綿御買宿被仰附難有仕合奉存候、然ル上ハ御店御家法有之候戛故、一ゝ被仰付候、決而違背仕間敷戛」と、西紙屋に家法の遵守を義務づけている。それによって、越後屋の意向を買宿運営に反映させようとしたのである。したがって西紙屋は越後屋の家法に拘束される中で、系列内にある買宿として仕入業務が出発することになった。第2に、越後屋の買方役人が持参した金銭管理を買宿が行うことが明記されている。

　またこの取引契約書の内容から、次の4つの意味で上州での買宿制度の知識が伯州のそれに移転され、越後屋の商家内で知識共有されていることがわかる。
　まず1つ目には、買宿との取引開始に当たっては、あらかじめ取引契約書を

作成している。これは取引の継続性を確保するために，越後屋と買宿との間であらかじめ契約内容を文書で交わすことが有効であるという上州の経験に基づいて，伯州において5条からなる取引契約書が作成されたのである。

2つ目に，上州で取引契約書の締結に当たって，本店役人，向店役人を配していたので，伯州においても京本店支配人の中西宇右衛門が立ち会っている。取引契約書は，買宿が成立し機能するための基幹をなす取り決めであるので，それぞれの買宿に仕入面に精通している人物を派遣したと考えられる。

3つ目に，買宿との取引関係についてである。買宿は木綿の仕入れに対して，越後屋から口銭を受け取るというのが業務である。つまり越後屋が奉公人を派遣して現地で直接仕入業務を行うのではなく，越後屋に代わって西紙屋が商品を仕入れて発送し，仕入量に応じて商品価格に対応した手数料を受け取るという方式を採用している。越後屋と買宿とは，口銭取引が望ましいという上州で蓄積した知識を活用し，伯州においても同様の取引形態が取り入れられている。

4つ目に，買方役の生活・行動面における指示事項も，上州での経験を役立てて盛り込まれている。生活習慣を放置しておくと，取引に悪影響を起こしかねないというこれまでの上州の経験を踏まえて，伯州においても生活に注文をつけている。

2. 買方指南書の商家内移転

買宿制度という上州で作り出された新しい商品調達手法は，絹物ばかりではなく木綿においても適用され，越後屋の商家内において広がりをみせる。ただし上州と伯州では産地の状態が異なっていたため，絹物における買宿制度を木綿においてもそのままの形で適用することはできなかった。伯州の実情や商品特性に合うように，次のような修正や変更を施さなければならなかった。

第1に，上州では流通機構上にすでに卸売商人が存在していて分業関係が成立していたのに対して，伯州では産地卸売商業が成立していなかった。そのため産地生産者，現地の買付商人である買宿自体も育てなければならなかったこ

とが，上州の買宿制度とは異なっていた。

　第2に，木綿は基本的には農家の副業として作られるものであり，生産技術が不十分で商品化に至るまでの生産水準に達していなかったために，生産体制を構築することから始めざるを得なかった。

　この2つの特徴から，越後屋では伯州について，「機道具筬抔も持下り教申候」[6] と，一定の品質の製品を織り出すよう産地生産者を組織化し，機織機の貸与をして生産技術指導を行うという工夫が凝らされることになる。こうした技術は，既存の越後屋の木綿の取引先から教えてもらったものと考えられる。また産地生産者もこれに応えて技術習得していき，その結果寛政5 (1793) 年，逢坂，汗入，淀江において，口銭が壱反につき壱分三厘から壱分五厘へ上昇しており[7]，これらの地域において品質面での向上が観察される。このように越後屋は，自家消費のために作った生産者を，藩を超えて都市消費者のために生産する専門生産者に育成することで，生産物であっても商品として成熟していなかった商品の価値を引き上げていったのである。このように，小規模零細な生産者を束ね，掘り起こして生産指導し，掌握することによって，生産段階まで後方系列化していったのである。

　さらに上州と比べて仕入れに関する知識が乏しかったので，「上州店式目」から「買方示合書」(寛政5 (1793) 年)[8] へ，文書を通して買宿制度の知識を移転していった。しかし買宿である西紙屋の勢力範囲は，先にも触れたように，未開拓の産地であったので，全面的な知識の移転は通用しなかった。そこで，買宿が商品を仕入れる時に注意する要点，買付ける時の注意事項等をきめ細かく指導・管理して，越後屋に仕入れて直ちに販売できるような商品化を目指していった。これは次のように品質と価格の注意事項，交渉に当たっての注意事項等多岐にわたる。

　まず1つには，次に示すように品質についての細かい手法についてである。

「見世買木綿丈巾改直組ニ掛里候事
　尤　何程世話敷候とも丈巾急度吟味可致事」[9]

ここでは買方役が目利きをもって，木綿の長さと横幅を検査し品質吟味して選定することが指示されている。
　また品質に関しては，次のような規定もあった。

「束買木綿数遍直打致能見王希，扱直打本ニ引当能ゝね里込調入，扱丈巾相改可申事
　　附　束買之義故大数在之世話敷時者，さつと見候而調候趣，粗在之支候間，急度相糺調入可申候」[10]

　すなわち一度に大量に購入する時には，価格表を基に等級に合う値段を付けることが指示されている。これら2つの規定から，品質の優劣を見極め，厳しい品質基準を満たした木綿を仕入れようとしていることが認識されよう。なお商品が規格化されていない生産段階での仕入れなので，織りむら等があって，品質の均質性が保障されていなかった。そのため買方役が重要な役割を果たしており，商品の品質を識別する能力が格別に必要とされた。そこで越後屋が西紙屋に指示を与えることによって，商品の目利きをもった買方役を育てようとしていたと考えられる。そのようにして品質を均質化することによって商品を規格化することができるようになり，大量仕入れの実現に結びついていったのである。
　2つ目には，仕入価格について次のような手法が提示されている。

「買先之名前札ニ夫ゝ相記，買不同木綿善悪相糺候得者，自然と買物下直ニ相成可申候，右仕方ニ致候ヘ者，夫ゝ働之筋も相分り，其功を以買人之者江挨拶いたし遣し度物ニ在之候事」[11]

　この場合綿の善し悪しを見極めて，品質の良いものは高く品質の劣るものは安く購入すると，全体としての買物は低価格で仕入れるようになると，仕入価格についてのノウハウを提供している。そして，買付けの成績の良い買方役は

褒めるようにと指導していて，買付けの動機付けを高めようとしている。

そして価格に関する手法は，商品の品質吟味の場合のみにとどまらなかった。次の規定にあるように綿を買う時，木綿を買う時の両方で利益を上げるよう仕入価格についての手法を指導している。

「綿買木綿之儀，是迄之仕方綿ニ而売徳有之候故，自然と木綿直組ゆるミ高直之由，綿ニ理分有之抔と相心得来り候者，了簡違ニ候，已来者綿者綿ニ而理分を見，木綿ハ尚又第一之夏ニ在之候，其趣意之ゆるミ不申様ニ壱厘ニ而も下直ニ調候様，能〻工夫之夏」(12)

3つ目は，次の規定にあるように買付けに関する手法の指示である。

「在〻江買方指遣候儀，其人を能見わけ，場所を相極指遣可申事，
　但　丈巾急度改可申候，尤證機ニ致度家又者風合宜木綿織出し候家〻江者，外村承買方いたし候者指遣し，二分三分方も下直ニ直段為付候之様可致候如様之処，工夫買方之功志類と申物ニ候」(13)

ここでは人物をみて木綿を買う地域を決めて買方役を遣わすようにすること，風合の良くない木綿を織る織元には他の担当者を使ってより安く仕入れること等，買付けに関する手法を提示している。ここで注目すべきは，「風合」とあり，一方的に産地生産者が作った商品を仕入れるのではなく，風合まで踏み込んでいて，産地生産者の技術水準を高めようとしていたと考えられることである。つまり西紙屋を通じて産地生産者の段階まで支配・管理が及び，後方系列化がすすめられていった。このように生産者に買宿が直接接触することによって，江戸・大坂呉服店の顧客欲求や流行を汲み取って，呉服の新製品開発にも活用することができるようになり，江戸市場の欲求に適する呉服の提供につながっていったのである。しかも製販一体体制を確立することで，江戸・大坂の流行を素早く察知して，流行情報を生産にも活用し，いち早く呉服店で品揃

えする機動的な商品供給体制を整えることも可能となった。また伯州の生産者は，江戸・大坂での流行を把握できなかったために，越後屋が買宿に対して，主導権が握れる一つの要因となったのである。そして生産地と消費地の情報格差を巧みに利用して，利益を上げていったのである。ただし意匠は，絹物ほど木綿では重視されなかった。

4つ目に，次のように交渉に当たっての手法を教えている。

「望之者を不望顔ニ而調入候様仕方致度物ニ在之候，買方第一勘弁処之事」[14]

この規定では買方が欲しい品物であっても，望まない顔をして商談することが明記されている。このように，取引交渉についての手法にまで踏み込んで教示している。

また，次のように買方役を1ヶ月に5度程度，ただ単に顔つなぎで訪問するという商売の基本を指導している。

「在ゝ買方壱ケ月之内五度程，買方役又者買宿衆中相庭引方見ニ相廻り，急度相考可申事」[15]

そして，次に示すように越後屋から西紀屋への手法の指示は，文書を通してばかりではない点も注目に値する。

「大数之買方在之故，工面買なと在之間敷候得とも，此儀買方役人ゟ与得示合可申置事」[16]

このように買手競争が激しいために工面買いをしがちだが，その場合には，越後屋の派遣した買方役人から意見を聞きなさいとあり，買方役人によって，直接，商品の目利きをもった買方役を教育・育成していることが確認できる。

94　第5章　木綿の買宿制度の移転と進化

その上，仕入手法は指導するばかりでなく，「買方ニ下候者江猶又疾ゟ御読聞為聞，諸事相慎候様御示談可被遣候」[17]とあり，「被仰渡候覚」を繰り返し読み聞かせることによって，契約内容を再認識させ徹底させようとしたのである。

以上のように，伯州において，「買方示合書」を提示することによって，仕入知識を身に付けさせることで買宿側の専門性を高め，仕入水準を質的に向上させていった。また仕入過程を標準化していったために，規格品を仕入れることができるようになり，量的向上にもつながっていった。その結果木綿においても越後屋銘柄を確立できたため，呉服店に仕入れ，即座に販売できるようになったのである。このような産地指導は従来の問屋・仲買にはみられず，越後屋の先駆的な取り組みであると言えよう。

このように，西紙屋のある赤崎地域で始まった木綿の仕入れであったが，近隣地域の開発にも力を入れ，寛政5（1793）年には図5-3に示されるように北条，淀江，青谷（青屋），倉吉へと地域的な広がりをみせ，伯州に一大量産拠点を形成していった。これらの産地は，すべて西紙屋の奉公人が直接出向いて商品を買付けるというものばかりではなかった。取引形態は地域別に買人差出，代買，問屋利用という3つの方法が採用された。第1の買人差出とは，西紙屋

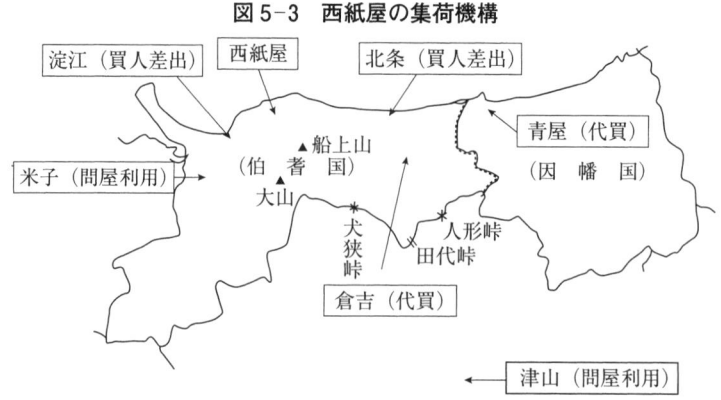

図5-3　西紙屋の集荷機構

（出所）「買方示合書」（鳥取県立博物館所蔵史料 伯耆国八橋郡赤崎村西紙屋資料 整理番号46番）より作成。

の奉公人が直接出向いて商品を買付ける方法である。北条，淀江といった比較的近い地域で採用された。第2の代買は西紙屋の奉公人ではなく，代理の商人が買付けをする方法である。青谷，倉吉といった西紙屋から少し遠い地域で採用された。なお青谷は，「青屋抔者織出し無数庭所候得者，別而買方無油断入替，買方見可申事」[18] と，他の産地と比較して高品質の商品が織り出されていたことがうかがえる。第3の問屋利用は，津山，米子で採用されていた。両地域では，すでに木綿について大きな支配力・影響力をもつ有力な商人がいて，問屋を利用する方法でしか木綿を調達できなかったのではないかと考えられる。これら3つの仕入経路は西紙屋で一本化して，越後屋に配送する仕組みをとっていた。西紙屋はこの業務によって一定の買宿口銭を享受した。こうして越後屋は地元の生産者・商人と連携することで勢力を拡大し，生産量・仕入量を増大していったのである。

なお，西紙屋の発展によって，後進地域である伯州に一大産業集積・商業集積が形成されていき，社会基盤が整備されていった。このことが，伯州地域における綿工業の発達ひいては地域産業の発展に貢献していったのである。また，

「元来伯州木面之儀最初之此者，余国織と釣合又下直之儀も在之候ニ付，買方相始候儀，然ニ近年者大坂問屋向なと直買等いたし候故にや，年〻不恰好ニ相成不面白奉存候，何之買方も相やめ申度候得とも，折角取立候事ゆへ，先不相替買方役指向候，弥此後とても高直ニ候ハヽ，注文相減可申，尚是等能〻勘弁之上，何分余国より恰好克相あた里候様，不絶心配可在之事」[19]

と，大坂問屋との競争の中で仕入量確保に当たったため，競争関係の中でより有利な取引条件を提示できたのである。

さらに，越後屋の商家内で知識移転・知識創出がすすむ一方で，伯州木綿は市場では尾州木綿と偽って販売したと言われ[20]，伯州の買宿制度は，他の都市呉服商等商家外へ知識移転されないように極秘にしていたことまで配慮していて，知識管理されていた。

このように，上州で競争力のある買宿制度の知識を伯州に積極的に移転し，産地特性・商品特性に合わせて緻密に改良して産地に適応させていったので，高品質の商品の大量かつ安定調達が可能となり供給拡大が実現した。その結果伯州木綿の注文高は，寛政8年（1796）年6万反，寛政9（1797）年七万反まで膨らみ，一大量産調達拠点になるまでに成長する[21]。ここに商家内に新たに仕入経路構築能力，仕入経路管理能力を商家内に蓄積・強化することになる。

ちなみに江戸向店の関東木綿仕入高は，寛政元（1789）年真岡木綿20,428反，岩槻白木綿1,248反，岩槻縞木綿2,568反，八日市場縞木綿392反にすぎず[22]，これらの産地と比較しても伯州木綿の仕入量の多さが明らかであり，重要な木綿の仕入拠点として成長していることがうかがえる[23]。しかも伯州の買宿では典型的な問屋制家内工業が展開されたが，大規模小売商である越後屋が主導権を握ることによって，流行が重視された商品が開発されたり品質を向上させていくことができるようになったのである。このように越後屋が産地卸売商人・生産者まで支配することによって，大規模系列小売商として一層の発展を遂げるのである。

第3節　仕入量の産地間調整

伯州の産地開拓を積極的に推進していったが，西紙屋では必ずしも越後屋の注文量に応じた仕入量が確保できるとは限らず，年によってばらつきがあった。年による調達量の変動を克服するため，大きな役割を果たしたのが京本店である。

「伯州買方控」[24]から仕入量に関しては，西紙屋は越後屋からの注文を受けて，その数を調達する方法をとっていたことがわかる。これには，注文通りの仕入量の確保が求められた。しかしながら，年によっては必ずしも越後屋の注文量に応じた仕入量を確保できるとは限らなかった。寛政9（1797）年には，

第 3 節　仕入量の産地間調整　97

「右之通入用ニ有之, 拟又大坂店例年壱万反位注文被為立候, 左の為者八万反買入出来不申候半而ハ, 工面不足候ヘ共, 右数之儀ニ候ヘ者迎茂員数買入之程, 無覚束奉存候, 成丈風合宜品出情相調六万反位者買入出来可申与奉存候, 引残弐万反不足ニ有之, 御相談申上候」(25)

と, 越後屋からの注文量に応じられない時には, その情報を伝達し相談（報告）している。
また, 寛政 11（1799）年には,

「右之通御座候, 然ルニ規矩申し入ゟ同人迄出方無数下り不足相成, 伯州斗ニ而者迎茂入用員数出来申間敷, 奉存候, 依而尾州江小口直儀不足之分, 注文相立申度御相談申上候, 御指図可被下候」(26)

とあり, 注文通りの仕入量が調達できないので尾州に注文してよいか, 指図してくださいとしている。つまりこの場合, 不足分は他の産地で埋め合わせるという形で注文量を確保してよいか相談をもちかけている。
逆に享和 2（1802）年には,

「右員数是迄注文好高ニ而相調申候, 然ニ下り違等茂在之右員数入用とみては持物通ニ相成候間凡八懸位ニ而注文入用高都合宜候」(27)

と, 在庫を抱えており他の産地と仕入量を調整して在庫を圧縮してよいかどうか相談している。
このような京本店と買宿の間で需給の不均衡が生じるのは, 2 つの理由が考えられる。第 1 に, 綿は農産物であるので, 天候等の理由によって産地によっては, 出来・不出来が生じることである。第 2 に, 配下のものを使って買付けにまわらせるが, 実際に買付けてみないと調達量の総計は把握できなかった。
これら 2 つの理由から京本店に産地の仕入量を調整する専門の部署を設け,

全国に点在する木綿の産地の仕入量を一元的に統括していたと考えられる。京本店は他の諸産地の生産情報，価格情報も同様に把握していたので，その情報に基づいて仕入量の過不足を他の産地で融通することができたのである。

このように京本店が産地間調整を行うことで，全体としての仕入量を確保するとともに仕入量の過度な変動を抑制し，適正在庫を保つことが可能になった。また京本店で産地間の供給の変動を管理できるようになったことは，需給の調整にも影響を与えた。需給調整の精度を向上させていったことは，需要の拡大に伴い供給量を継続的に均衡させることにつながっていった。綿は農産物であったので，特定の産地の仕入依存度が高いと呉服店の品揃えにも影響を与え，欠品・価格の高騰といった事態を招くことが危惧された。しかし産地の多様化によって，天候等により特定の産地において需給が逼迫した場合にも，他の産地で商品を補うことで仕入量を確保することができるようになったのである。このことは欠品を回避することで呉服店での安定的な品揃えを可能にして，購買機会を逃さないようにできるとともに継続的な経営につながっていった。さらにこのやりとりでは，越後屋と西紙屋の間で生じる情報格差が利用できたため，越後屋が主導権を握り，西紙屋は発注を受けて仕入れるという仕組みをとることができた。しかも，既存の問屋利用と違い，ある程度，越後屋から計画的仕入れが可能となっていて，需要量に応じた仕入計画が立てやすくなったと考えられる。このような仕入経路の構築・管理によって，計画的仕入れまでもが可能となったのである。

第4節　買宿支援と買宿制裁

越後屋は，買宿である西紙屋に産地指導することで取引関係を構築・維持していったが，西紙屋が仕入手法を身につけるようになると，両者の関係は次第に変貌を遂げる。越後屋と買宿の間で買宿の独立性に関連して，主導権をめぐるせめぎ合いが繰り広げられることになる。すなわち，西紙屋が越後屋の手法

第4節　買宿支援と買宿制裁　　99

を使って，独自に動き出すことが考えられた一方で，西紙屋を系列から切り離した場合，仕入量の不安定調達の事態を招くことが憂慮された。そのために，買宿に対して高度な管理技術が要求されるようになってきたのである。そこで，越後屋は西紙屋に対する買宿支援と買宿制裁の両方の手段を用いていて管理強化を図っていくのである。次に，これらについて考察していくことにしよう。

1. 買宿支援

持続的な仕入量の確保のためには，どこまで買宿からの協力を引き出せるかが鍵を握っていた。そこで越後屋は買宿との連帯感を強めようと，買宿支援に乗り出していく。次に示すのは，寛政5（1793）年，西紙屋が巨額の借金を抱えた時の越後屋の対応を示した史料である。

御談一札之事[28]

一，私儀古借銀当座遣繰ヲ以凌来候処，大借ニ相成身上及滅却候ニ付，其訳口書ヲ以具ニ申上退身可仕存念之段，及御聞段ヽ被蒙御吟味，書付通相違無之段，御承知退身御指留被下，依之親類共立会外ニ借銀歩割ヲ以，扱候所，何連も納得被致呉，忝仕合奉存候，然処御店之儀者，外ニ与違，格別之儀故，御損銀無少可仕与，色々工面仕候得共，誠ニ石ニ而手ヲ詰候与如申，必至と致方無御座，勿論御店分，外ニ歩割分減少仕，等以御聞済難被成旨被仰聞候得共，段ヽ御詫申上，親類共打嘆，一向御願申上候所，御得心被成下，寔以難有仕合，初而明リヲ見候而，私初家内之者共，安堵仕候，此度之儀，御店御聞済無之，私退身仕候時者，家材何角御店江差上，愚母并兄弟共者，親類共之世話ニ罷成可申所，前書之通，御聞済被成下，其上御買宿之儀，是迄之通被仰付被下候段，冥加至極難有仕合奉存候，然上者，弟善兵衛并申合，一身之的ニ中，御店御損銀弐拾五貫九百六匁三分，追年立身仕候ハヽ，為冥加済方仕会稽雪恥辱可申，此段被思召可被下候

一，右一件御聞済被下候上，此末私方相続之儀思召，口銭五通リ御増被下，重ヽ

御厚恵之御儀，冥加至極難有仕合奉存候，然上者外商売相止〆，木綿買方一向ニ打掛り，右買方之妙を出シ，口銭御増之余下直ニ調候様，其功を顕，御店商益ニ相成候様，誠広太之御慈悲，末々ニ至迄，無恙相続可仕与，愚母始家内之者者不及申，親類共迄も一統難有奉存候，右札為後證一札仍而如件

　　　　　　　　　　　　　　　　　　　　　　　　伯州赤崎
　　寛政五年癸　　　　　　　　　　　　　　　　　西紙屋佐兵衛
　　　　丑五月　　　　　　　　　　　　　　　　　　　　　印形
三井八郎右衛門殿
　家城藤吉殿
　藤田与三兵衛殿
　田中金兵衛殿
　木村徳右衛門殿
前書之通，本書相認印形仕善五郎江指上置申上候，以上

　　　　　　　　　　　　　　　　　　　　　　　西紙屋
　　　　　　　　　　　　　　　　　　　　　　　　佐兵衛茂（花押）

　この史料では，西紙屋で「大借ニ相成身上及滅却候」となり，これに「銀弐拾五貫九百六匁三分」で返却できないという状態に陥っている。これに対して越後屋は，「口銭五通り御増被下」と手数料を増加して少しずつ返却するよう，買宿に融通している。この厚恩に報いるため，「外商売相止〆，木綿買方一向ニ打掛り」と，今後は損失銀の返済，木綿の買方だけに打ち込み他の商売をしないという決意を示していて，買宿側から仕入努力を引き出している。この事実は越後屋に忠誠心を引き出す誘因となっているとともに，仕入促進効果をねらったものであることを示唆している。

　さらに文化 8（1811）年買宿に対して，「十五年賦無利息ニ而貸渡」[29]，弘化 2（1845）年には，「年賦銀拝借」[30] と買宿支援に乗り出していることからも確認される。これらに一貫して言えるのは，買宿支援は越後屋に忠誠をつくさせて，他店との取引を阻止するものであり，越後屋へ従う長期的誘因となっているこ

とである。しかも，越後屋が主導権を握り協力を働きかけたため，信頼関係が維持されたので，買宿との専属的な取引関係の継続につながっていった。

ところでこの買宿支援は一時的には損失を出すが，前述のように，買宿が仕入量の確保に力を注ぎ安定的仕入量の確保ができる，という見返りがあった。そのため長期継続的取引が前提のもとでは，利益は平準化されたのである。

このように買宿支援に乗り出すことによって，越後屋と買宿との信頼関係は維持・継続され，その専属性は一層強化されることになった。買宿救済の背景には，伯州木綿は他の産地と比較して価格競争力があり，西紙屋との連携を強化してさらなる仕入量の増大につとめ，呉服売上高の増大を目指していた越後屋の戦略があったことは言うまでもないことである。なお時期によって買宿支援の内容が違うのは，西紙屋の仕入拠点としての重要性の程度が異なっていたからであると考えられる。

2．買宿制裁

越後屋は西紙屋に対して支援しているにもかかわらず，買宿側は必ずしも忠誠を尽くすとは限らなかった。継続的取引の過程では，遠隔地取引であるがゆえに，買宿の自由度が高まってきたからである。すなわち西紙屋が独自の利益を追求して，放漫経営に陥るという事態を招くようになったのである。ただし買宿が独立するためには，乗り越えなければならない壁があった。それは木綿だけに特化していたのでは最終加工工程の手法は越後屋が握っていて，買宿には最終加工工程は伝授してないため商品化できず，独立した商人として自立的な経営をしていくには，限界があった。そこで考えられたのが，取扱商品の多様化である。なお買宿が取扱商品を多様化すると独立性は高まるが，他方で，越後屋と専属契約をしている以上，それは契約違反を意味し，表面化した時に取引に障害が出るという葛藤を抱えていた。こうした状況の中で，買宿は遠隔地にあり越後屋の目が行き届かないことを理由に，商品多様化に力を注いでいくのである。

さて寛政4 (1792) 年，中西宇右衛門の買宿調査によって「不実ニ掛り御様子も相見得」[31] と，越後屋の西紙屋への監視が不完全であることが報告されている。また鰯4,000俵を買入れ，相場が大暴落して損銀8貫500匁を出し，越後屋の買宿として活動する以外に商売を行い，欠損を出していることも報告されている[32]。こうしたことから，前にも述べたように寛政5 (1793) 年に「外商売相止メ，木綿買方一向ニ打掛り」[33] と，木綿の調達に特化することを誓っている。それにもかかわらず，文化元 (1804) 年越後屋との約束を破り紅花取引を行い，損銀を出している[34]。

このように，取引の投機性の高い商品を手掛けることによって，かえって欠損を出していた。越後屋の買宿に対する統制力が低下して，「不実」，多角経営による欠損といった問題を何度となく繰り返していて，買宿の越後屋に背く行為が深刻化してきた。越後屋側も損害を被らないように，西紙屋の地域独占の状態から生じる悪しき状態を細かく点検するようになってきた。しかしながら，なかなか西紙屋の不祥事に対して，再発防止ができない状態であった。先述のように，越後屋は買宿に対してあらかじめ文書による条項を提示していたが，それだけでは買宿の十分な掌握にはならなかったのである。

そんな折嘉永元 (1848) 年，またもや西紙屋の不祥事が発覚する。次に示す文書は，西紙屋が越後屋に提出した詫び状である。

乍恐口上書ヲ以奉願上候[35]

一，　　　　　　　　　　　　　　　　　　　　　　　　西紙屋佐兵衛義

数年来，御店様奉蒙御厚恩御買継宿被為　仰付，御蔭を以無恙相続仕来り候段，冥加至極重々難有仕合奉存候，然ル処昨秋来御買方役常三郎様御逗留中，不都合筋有之，其上呑込帳合并ニ不筋成見世買等仕候段，御礼之上及露顕，重々難相済旨，厳敷蒙御呵，御買宿御差留被　仰付，何共奉恐入候，兼而　御店様御家法乍奉承知，此度之始末語言同断，御詫之申上様茂無御座，重々恥奉恐入候，帰国之上佐左衛門始親類共江，談示合仕候処，何連も打驚当惑十方暮相歎候而已ニ御座候，元来佐兵衛未熟故麁略ニ相心得候段，及面談候処，一言申訳

第 4 節　買宿支援と買宿制裁　103

無之重々後悔仕居候，然ル処御買宿御差留ニ相成候而者，大勢之者必至難渋仕候間，甚以恐多御願ニ御座候得共，佐兵衛忰千之助申者ニ，佐左衛門後見仕，万事正路ニ相勤，聊不筋等之儀仕間敷候間，何卒格別之御慈悲ヲ以，旧来之通御買宿被為　仰付被下置候ハヽ，一統之者難有仕合可奉存候，偖又此度引負銀早速上納可仕筈ニ御座候得共，何連茂微力之者共ニ而，迚も一時ニ上納可仕儀難出来候間，何卒此上之御仁恵御取成ヲ以，年々御口銭被下候内ニ而，御引取被成下候様，奉願上候，何分ニ茂広太之御隣愍を以，旧来之通御買継宿被　仰付被下候様，幾重ニ茂御聞済之程，偏ニ奉願上候，以上

　　嘉永弐酉年　　　　　　　　　　　　伯州赤崎
　　　十一月　　　　　　　　　　　　　　親類
　　　　　　　　　　　　　　　　　　　　　成屋伊左衛門（印）
　　　　　　　　　　　　　　　　　　　同請人
　　　　　　　　　　　　　　　　　　　　　佐伯昇平
　　　　　　　　　　　　　　　　　　　同金市村
　　　　　　　　　　　　　　　　　　　　　新屋犀右衛門
　　　　　　　　　　　　　　　　　　　親
　　　　　　　　　　　　　　　　　　　　　西紙屋　佐左衛門
　三井御本店
　　　御役人中様

　すなわち，越後屋の買方役人の逗留中に「呑込帳合」，「不筋成見世買」という不正な取引や帳簿合わせが発覚している。ここで「呑込帳合」とは，実物なく口約束して取引したように帳面につけることである。「不筋成見世買」とは，今まで取引関係のない信用のないところと取引したことである。これらの西紙屋の不祥事はいずれも越後屋の家法に違反するものであり，取引にも悪影響を及ぼすものであった。なお天明 2 (1782) 年西紙屋は越後屋との取引開始に当たって，「被仰渡候覚」の中で，「此度，綿木綿御買宿被仰附難有仕合奉存候，然ル上ハ御店御家法有之候叓故，一、被仰付候，決而違背仕間敷叓」[36] と，「家

法」の遵守を誓っていた。そこで三井高福（13代目八郎右衛門）は事態を重く受け止め，家法を根拠に買宿の行為は不正が行われていたと判断して，買宿差し留めに踏み切るという強い姿勢を示した。

この場合の管理系統は，「昨秋来御買方役常三郎様御逗留中，不都合筋有之，其上呑込帳合并ニ不筋成見世買等仕候段」と，不祥事が越後屋の買方役人である常三郎が買宿逗留中に発覚していることから，買方役人を買宿に派遣して通達が守られているかどうか，定期的に監視するという仕組みになっていることがうかがえる(37)。つまり越後屋から買宿への管理系統は，既述の定期的な報告書の点検だけでは買宿の不正・問題点を見抜くことが困難であったため，それとともに定期的な立入調査の両方で遠隔地にある買宿を掌握していたのである。

これをきっかけに両者の信頼関係は崩壊に向かい，揺らいだ。西紙屋は「御店様御家法乍奉承知此度之始末語言同断御詫之申上様茂無御座重々恥奉恐入候」(38)と不始末を認め，詫び状を幾度となく越後屋に提出し，取引継続の理解を求めている。

このように，西紙屋は信頼を取り戻すよう努力したが，信頼回復は容易にはすすまなかった。前述のように，越後屋が買宿救済をしているだけに，取引契約に違反した場合の罰則は厳しかったと言えるであろう。仲買である買子からも買宿の存続を求めて，次のような詫び状が提出されている。

乍恐口上書ヲ以奉願上候 (39)

私共儀

数年来　御店様奉蒙御高恩，木綿買継買子被為　仰付，御陰を以家名相続仕来候段，冥加致極重々難有仕合奉存上候，然ル処去ル申ノ秋以来ゟ彼是不都合之筋有之，猶又昨年来佐兵衛殿取扱方不都束之儀，御聞達ゟ重々不埒之旨厳敷御繁度を以，御買宿御差留被　仰付，何共驚入，私共ニ至迄重々奉恐入候，何分御買宿御差留ニ相成候而ハ一統路頭ニ可相立と重々嘆ヶ敷奉存候，依之親類中ゟ委細願面を以御歎被申上候間，何卒此上之御慈悲を以願之通，不相智御用向被為仰付被為下候様，奉願上候，然ル上者一統申合益大切ニ相心得出情可仕候間，右願之通何卒格別之御憐愍を以，幾

重ニも御聞済之程，偏ニ奉願上候，已上

　　　　　　　　　　　　　　　　　　　　伯州赤崎
　　嘉永四年　　　　　　　　　　　　　　　買子
　　　亥正月　　　　　　　　　　　　　小中屋甚次郎（印）
　　　　　　　　　　　　　　　　　　　宇田川孫三郎（印）
　　　　　　　　　　　　　　　　　　　同　　常三郎（印）
　　　　　　　　　　　　　　　　　　　同　　政次郎（印）
　　　　　　　　　　　　　　　　　　　隅屋亦三郎（印）
　　　　　　　　　　　　　　　　　　　綿屋惣右衛門（印）
　　　　　　　　　　　　　　　　　　　吉田屋幸助（印）
　　　　　　　　　　　　　　　　　　　大黒屋永三郎（印）
三井御本店
　木綿方様

　これは西紙屋佐兵衛の不始末で，買宿の指留を請けた買子達の買宿存続の嘆願書である。越後屋の影響は買宿である西紙屋ばかりでなく，その川上の仲買の組織にも打撃を与えるものであった。一度失った信頼を回復することは容易でなかったが，買宿からの必死の働きかけによって，嘉永3（1850）年買宿契約が復活した。買宿復活には，2年という歳月を要した。
　買宿復活の経緯は次の史料に示される。

　　　　　　　　　　乍恐別紙奉願上覚[40]
一，　　　　　　　　　　　　　　　　　　　　　　　佐兵衛儀
是迄之始末重々不埒ニ付佐左衛門始親類談示合之上，佐兵衛儀ハ金市村江蟄居為致，名前之儀ハ専之助成人迄
御店様江御願申上，諸事伊左衛門後見仕，店買并買方儀ハ買子甚次郎江駆引為致，厳重ニ締合相立申候間，何卒格別之御慈悲を以宜御聞届之程，奉願上候，以上
　　　　　　　　　　　　　　　　　　　　　　　　伯州赤崎

106　第5章　木綿の買宿制度の移転と進化

　　　　　　　　　　　　　　　　　　　　　西紙屋専之助（印）
　　　　　　　　　　　　　　　　　　　　　同佐左衛門（印）
　　嘉永四年　　　　　　　　　　　親類　成屋伊左衛門（印）
　　　　　亥正月　　　　　　　　同請人　新屋犀右衛門（印）
　　　　　　　　　　　　　　　　　請人　佐伯昇平（印）
三井御本店
　御役人中様

　この場合西紙屋佐兵衛の不始末の件で父佐左衛門をはじめ親類方が相談し，西紙屋佐兵衛を蟄居させ，倅専之助が成人まで伊左衛門が後見し，店買・買方の儀は買子甚次郎へ駆け引きさせたとしている。すなわち買宿の亭主を変更するという形で責任を取るという厳しい処分を行い，買宿への揺さぶりを強めたことが認識できよう。そこまで越後屋が西紙屋に強い制裁を下したのは，過去の西紙屋との取引経験に照らし合わせて，買宿の秩序を維持させようとしたためである。それによって買宿側が主導権を握ることを阻止したのである。さらに越後屋は西紙屋の経営を監視する要員として友次郎を西紙屋へ配置し，契約を確実に履行するよう監視を強化し，買宿が一方的に存在感を高めないように，再発防止対策を徹底させようとした[41]。

　この買宿復活の背景には，越後屋にとって西紙屋は木綿を大量に確保できる仕入れの戦略拠点であったので，取引を継続したと考えられる。他方の西紙屋にとっても，越後屋と取引の継続は次の3つの意味があった。まず1つは，越後屋と取引し続ける限り，安定的販売先を確保できることである。2つ目として，全量買取りが原則で，たとえ利幅が少なかったとしても在庫リスクがないことである。3つ目として，前述のように買宿には最終加工工程は伝授していなかったため，越後屋を経由せずに完成品を市場に出荷できなかったことである。たとえ製品化できたとしても伯州は市場が発達しておらず，西紙屋の販路が確保できなかった。このことは，生産者を小規模経営にとどまらざるを得なくしていた。このように両者にとって利点があったので，制裁という手段があ

第4節　買宿支援と買宿制裁　107

資料5-1　西紙屋の暖簾

（資料）　鳥取県立博物館蔵。

るにもかかわらず取引が継続したのである。そして西紙屋の店先には丸の中に井桁三の越後屋の暖簾が掲げられていて、両者の取引関係の親密な間柄を象徴するものであった（資料5-1）。

　このような越後屋の西紙屋への力の発揮は、全国に分散する買宿にも揺さぶりをかけるもので、買宿の不正拡大を防止する牽制的効果を発揮するものであった。つまり全国の買宿を視野に入れて巧みに牽制することで、主導的な地位を維持しようとしたのである。

　このように、買宿に対して家法の遵守を前もって提示しておいて、それに違反した場合には罰則規定が設けられていて、制裁を通じても管理が行われていたことが確認できる。すなわち家法に違反した場合には、制裁という罰則規定があり、その時の罰則の大きさから、買宿の不正を防止する一定の拘束力をもっていたと考えられる[42]。そして買宿に対して、資本の独立性を保持しておきながら買宿の行動の自由を拘束することで、越後屋のための仕入れに専念させていったのである。言い換えれば、制裁措置は越後屋の仕入系列から切り離すものではなく、系列関係をより維持させるものにする効果があったのである。

以上のように，報奨・制裁を通じて買宿を確実に掌握することによって，買宿制度の安定的継続的な運営が可能になり，後方系列化をより強固なものにしていったのである。このことは，優良商品の大量かつ安定的な供給量を確保することに寄与していった。なお買宿が独自の行動を制約されたのは，買宿支援と買宿制裁という両方の管理手法を用いて，買宿を巧みに維持・管理して誘導していたことがある。すなわち買宿支援・買宿制裁のいずれも，買宿との関係を維持する力が働き，その結果長期継続的関係を導くものであった。

第5節　前貸金融

西紙屋の仕入量の確保するために貢献したのが，越後屋からの前貸金融である。それは越後屋から西紙屋への前貸金融，西紙屋から仲買への前貸金融，織元への直接支配からなり，これについて次に検討していくことにしよう。

1. 越後屋から西紙屋への前貸金融

越後屋は伯州の木綿を成長産地であると位置づけ，買宿に前貸金融を施して，その経営を支援した。次に示すのは，買宿である西紙屋が，越後屋に対して銀23貫5百12匁6分借りているという木綿買金預り証文である。

覚(43)

一，銀弐拾三貫五百拾弐匁六分
右之通慥ニ預リ申上候処，相違ノ無御座候，然上者追而木綿相調為登御勘定可申上候，為其依而如件

西紙屋佐兵衛
請人
野上屋平兵衛

中屋忠次郎

文化十一年
　戌五月十四日
三井武兵衛殿
　源助殿
　甚七殿
　七次郎殿

2. 西紙屋から仲買への前貸金融

次に示す史料は仲買が西紙屋に前貸金融を仰いでいることを示している。

儀定書之事[44]

私儀五十年以前, 木綿買金不足拾匁御座候処, 此度出情仕候ニ付, 其元様ゟ家屋敷及頼談候付, 早速金子七十両ニ而右買金不足共永代売渡し被遣, 依之差引出入相済申候得共, 以来右之御恩王春れ不申, 依而一札如件

　慶應弐年寅正月日

野上屋
　平兵衛（印）

西紙屋
　源助殿

これは家屋敷の永代買取証文であり, 木綿買金不足拾匁と家屋敷売却分と合わせて金七十両で永代売り渡し下さり, 差引勘定が済んだという内容である。すなわち仲買は資金が不足しているので, 西紙屋に金融機能を仰いでいることがうかがえる。越後屋は西紙屋ばかりでなく仲買を掌握することによって, 確実な商品の入手経路を構築していったのである。

3. 織元への直接支配

越後屋は，買宿ばかりではなく，さらに織元も直接支配下に置こうとした。そのためにとった一つの方策が，次の史料にあるように前貸金融である。

預り申一札之事(45)

私義
此度要用之義ニ付，別紙差上候通，銀子拾貫目拝借御願申上候処，首尾克御聞届被下有難仕合奉存候，右返納之義御礼證文ニ相認候通り，壬申春季ゟ戌秋迄拾五年賦無利足ニ御口銭之内御引取可被下，万一御買物無御座候得者，家屋敷田畑山林とも売払，急度返納可仕候，依而私所持左之通

一，天明未年　八百目　畑高壱石四斗壱合　　　　　種屋　惣兵衛
一，寛政十一年未五月　七拾壱貫五百文　畑高六斗八升六合　田平屋　彦三郎
一，享和弐年戌十二月　三拾八貫文　畑高四斗弐升八合　せんな兼次　又七
一，享和三年亥十二月　拾弐貫文　畑高壱斗五升五合　　同人
一，享和三年亥十二月　九拾目　畑高壱斗六升四合　　南　茂衛門
一，寛政八年辰十月　三百目　屋敷高弐升四合　　川上屋　新佐衛門
一，安永九年子九月　七貫五百文　畑高壱斗二升壱合　南　若助
一，文化三年寅八月　壱貫五百文　畑高弐升七合五勺　紙屋又吉
一，寛政三年亥十二月　壱貫三百五拾目　畑高七斗八升壱合　宇田川屋　太左衛門
一，天明八年申十二月　七拾貫文　家屋敷高壱升八合七勺　紙屋伊三郎
一，文化三年寅三月　弐拾三貫文　家屋敷高壱升三合三勺　南　茂右衛門
一，寛政八年辰十二月　百拾弐貫文　家屋敷高壱升四合五勺　切子屋　庄吉
一，寛政十年午九月　壱貫八百三拾目　家屋敷高弐升八合　古田屋　茂右衛門
一，文化弐年丑八月改　九拾貫文　家屋敷高弐升四合　同人
一，寛政十一年未十一月　拾五貫文　家屋敷高九升五合五勺　有戸屋　利左衛門
一，寛政十二年未八月　弐貫目　家蔵共　　　　　伊藤屋　彦次郎

一，天明六年午五月　　四拾目　畑高六升七合五勺　　　　　同　　忠吉
一，享和四年子正月　　弐拾壱貫文　畑高壱升　　　　　　　柳屋　孫兵衛
一，寛政十一年未十一月　壱貫目　家屋敷高四升五合　　　　中屋　彦三兵衛
一，享和四年子七月　　拾五貫文　畑高壱斗六升三合　　　　池田屋　沢郎右衛門
一，寛政十一年未十二月　四百目　畑高七斗三升四合　　　　松田屋　茂兵之助
一，享和三年亥年　　　四百拾斗　畑高壱斗三合　　　　　　油屋　兵四郎
一，天明八年申二月　　三拾弐貫文　田高三斗　外ニ屋敷共　森屋　藤兵衛
一，天明九年酉年　　　五百目　畑高壱斗七升九合　　　　　八橋のうせんや利兵衛
　（略）

右之通私所持在之候御預ヶ申上候所実正ニ御座候若故障之義在之候得者右賃物ヲ以御引取
可被下候為後日依而一札如件
　　文化八年　　　　　　　　　　　　　　　　　　　　西紙屋佐兵衛（印）
　　　　未十月

　この史料は織元や仲買からの借金の依頼に応じて，買宿である西紙屋が仲介をなし，越後屋から金銭を貸与していることを示している。織元や仲買は小規模なので，直接越後屋に依頼するのではなく，西紙屋が借金依頼を受入れて，代行して依頼する役割をしていて，これによって越後屋は織元をも金融機能を施し，間接的に管轄下に置いていたのである。
　このように越後屋は，あらかじめ小規模で資金的に余裕のない生産者・仲買に，資金を提供して独占的に生産と仕入れをさせて品物を受け取るというものであり，金融機能を果たしていた。越後屋は金融機能を通して西紙屋を支配していて，それによって確実に商品を入手しようとしたのである。
　以上越後屋は買宿に金融機能を果たし，これをてこにして，産地に対する影響力・発言力を高め，呉服の生産・流通過程に大きく力を伸ばすとともに，確実な仕入れを可能なものとした。さらに前貸金融によって，越後屋は特定の生産者や仲買から専属的・独占的供給が受けられるようになったため，安定的供給先を確保できたのである。とくに当時は天候的理由による品不足が避けられ

なかったので，そういった場合に有効であったと考えられる。このように金融機能を行いながら，取引の継続性，西紙屋からの越後屋への忠誠心を引き出そうとした。西紙屋の立場に立つと，金融機能を仰げることが越後屋に忠誠を尽くす動機づけとして働いた。その結果西紙屋を傘下におさめるとともに，川上の生産者や仲買までも抱えることとなった。

　すなわち，越後屋が前貸金融を施すことによって，家内工業的に産地を管理していたのである。これらの前貸金融の一連の史料で注目すべきは，越後屋が問屋制度を打破して設置した買宿は，問屋制家内工業の担い手となっていることである。つまり問屋機能をもつ買宿を系列内に置くことによって，伯州のみならず全国にまたがる買宿を掌握したことは，大量仕入を実現させる一つの要素となったと考えられる。

第6節　鳥取藩の商業政策

　鳥取藩が経済的に困窮した時期があり，商業政策として，特産物である木綿を買集めて大坂商人に販売するようになってきた。このことは，越後屋の仕入経路管理以外のところで仕入経路の維持が困難になることを意味するものであった。つまり鳥取藩の商業政策によって，越後屋と買宿の関係が途絶えるという事態が生じるのである。文政元（1818）年，鳥取藩の遠藤氏への木綿の専売の話を聞きつけた越後屋は，国益方に次のような3札を入れている[46]。

乍恐御歎申上候口上覚

一，此度御両国木綿御趣向ニ付，米子遠藤吉大三郎殿江御国内木面御支配被仰附，
　　右手先之外木綿買取候儀被遊，御停止旨ニ付旧年私手先相働被呉候，八橋郡赤
　　崎村西紙屋佐兵衛当惑之趣ニ付此度別立而
　　　　　　　　　　　　　　　　　　　　　　　　　　　　　　　　　　私義
　　差下し御願申上候，

一, 天明二寅年商躰ニ付, 手代共御国内江差下し御産物木綿出来之様子見請, 伯州八橋郡赤崎村右佐兵衛ゟ申仁之方へ止宿仕, 年〻買入之儀相談仕, 其以来年〻仕入売栄仕, 其後同号未年迄ニ, 上方向江風合丈幅等指図仕, 追々手馴宜数も年〻相増申様子, 其上紅花綿等も売躰捌方御座候ニ付同年格別ニ申談, 右佐兵衛ゟ別紙之通被相願御聞済被仰附, 是迄乍聊御冥加銀差上, 尚以下不得上方江在中へ差図仕, 既ニ機道具筬抔も持下り教申候ニ付, 拾ケ年以来者右誂之風合ニ押移至而宜敷出来仕候様相成申候, 右八橋郡近郡并ニ気多郡芦先村和平方迚も私手先誂口ニ者相應之綿代等も貸付置候, 仕合御座候而, 前後難渋仕候, 乍恐御上御趣向迚も追々上方へ可被遊御仕向御儀ニ付, 尚木綿風合時節ニ応し向口宜相成候様, 尚在中江為冥加手引仕候様相働セ可申候, 尤手前へ年〻仕入高纔三万反斗之儀ニ而, 其余者向口ニ寄余国ゟ相仕入申候ニ付, 何卒御仁恵之思召ヲ以, 右三万反斗之所, 只今迄之通後免被仰付為下置候様, 奉願上候, 尤私手先之外者似猥成義出来不申様可仕候, 且禮十旁自分現銀売仕込之外ハ売出シ不申ニ付重々御仁意思召ヲ以右之通御聞済被為下置候ハ〻, 難有奉存候, 此段偏ニ奉願上候, 以上

　文政元年
　　　寅十二月十八日

　　　　　　　　　　　　　　　　三井八郎右衛門代
　　　　　　　　　　　　　　　　　　勘兵衛（印）

乍恐口上書

一, 御〆り合之義者, 私手先佐兵衛ヲ始買手之者夫〻家名印形ノ手札相渡, 印鑑差上置可申候, 尤駄越運送共御番所江御通手形差上罷通り候様, 仕度奉存候以上
　文政元年
　　　寅十二月

　　　　　　　　　　　　　　　　三井八郎右衛門代
　　　　　　　　　　　　　　　　　　勘兵衛（印）

第5章 木綿の買宿制度の移転と進化

乍恐口上書

一、御産物木綿是迄赤崎村西紙屋佐兵衛井芦崎村和平方ニ而相調^候仕来御雇候，此度御国益御趣向ニ付，右御支配遠藤殿方ニ而買取可申段，奉畏候得共，左^候時^者私方色々入組^候難儀在之差支候ニ付，追、口上ヲ以御歎申上候，仕合ニ御座候，宜御堅慮奉願上候，以上

　　寅　　　　　　　　　　　　　　　三井八郎右衛門代
　　十二月十八日　　　　　　　　　　　　　　勘兵衛（印）

すなわち越後屋では西紙屋を通し，木綿の生産性向上や買取りに力を入れてきて，風合・丈幅などを指示し，とりわけ風合いは季節に応じたものを産出できるようになった。冥加・貸付金もしてきたが，国方の意向で木綿の支配人が替り，仕入れについて支障が生じてきて困惑していると，意見書を提出している。

さらに，この産地は，越後屋にとっては工夫に工夫を重ねて産地開拓した地であったので，次のような理由をあげて抵抗を示した[47]。

(1) 綿の貸付け
誂口ニ者相応之綿代貸附在之候

(2) 年賦銀
佐兵衛ヲ始其外手先之者廿人斗古来より不時難渋之節者，相応之年賦銀等^も貸遣し有之候

(3) 二重のマージン
買座ニて相調候^{而者}口銭弐重ニ相成，誠ニ木綿者小間カキもの故，厘毛ヲ争ひ申儀，此段難渋ニ御座候，扨又譬利屈候迚も旧年相働呉候者ヲ，於算当^抱遠藤江乗かへ申儀^も難仕候

(4) 買宿の困窮
佐兵衛井和平其外手先廿人斗之者御趣向ニ付必至与難渋仕候

結局，越後屋と西紙屋の努力の甲斐なく，文政3（1820）年，鳥取藩が米子

の商人である遠藤藤吉太に因伯両国の木綿支配を仰付けて，木綿の専売制が施行された。木綿専売制が敷かれてからの買座である遠藤藤吉太は，単なる商人ではなく，鳥取藩の支配下に置かれている商人であった。鳥取藩の組織に買座という組織を新しく設けたのか，鳥取藩が商人である遠藤藤吉太に仕入れを委せたのかは，定かではない。いずれにしても，この背景には鳥取藩の商業政策があり，鳥取藩の重要な産物については，保護・育成することによって財政を潤そうとしていた。これによって，遠藤藤吉太以外と木綿の取引ができなくなり，西紙屋は買宿としての機能を果たせず，越後屋としては大問題であった。これには，越後屋の西紙屋に対する支配はゆらいだ。この時越後屋は，自己の仕入経路の管理外での仕入経路維持の困難性を経験することとなった。文政6 (1823) 年に鳥取藩の木綿専売制は，次に示されるように，遠藤藤吉太が木綿を買いあさったため，諸方に銀札がだぶつき，1両につき180匁～190匁と金が高値になり，追々200～300匁になるのではないかと不安を抱かせることになり，取引の混乱をきたしたことが理由となって廃止された。

米子遠藤之勢ひ倍強く，御両国之木綿遠藤之手先きニて夥敷御買上ケニ相成候ニ付，銀札諸方ニ沢山ニ相成，金は次第ニ高直，既ニ文政六年未ノ五月ニハ，一両ニ付百八拾匁より百九拾匁迄も相成申候。依之此趣にてハ手前共之身上自然ニ減シ，追々弐百匁三百匁とも金相場相成候趣ニ付，其防キノ為木綿を拾五六貫匁が程銀札ニて買，京都ニ登せ金子百両余を替を取，手代半四郎慇々登セシメテ取帰リ，忰祐左衛門ハ菊屋山崎屋之登せ木綿旁ニて山根屋武兵衛召連，同年五月十三日発足，木綿捌之為上京仕候処，荷物到着延引彼是ニて，漸々六月十八日御国木綿は相応之仕切直ニて御座候処，御勘定頭ラ平井七左衛門様遠藤仕方不宜と被思召候趣ニて御内願等有之，御聞届之上御国産之儀御任之御様子ニて，遠藤木綿買御止被成[48]

その結果文政8 (1825) 年，買宿との取引は再開される。このように鳥取藩の商業政策は，流通の法則性を阻害する要因となった。

第7節　雲州への買宿制度の移転

　越後屋は西紙屋・産地生産者との連携で仕入量を増大させていったが，この間地元の商人も成長し，寛政8（1796）年には，倉吉商人が直接大坂・京都方面へ6万反を出荷し，領内取引量も1万反に達していた[49]。

　そこで越後屋は，近隣の産地である雲州へも調達先を模索する。伯州との取引の過程で，雲州にも木綿の産地を発見し，取引先を拡大していった。寛政12（1800）年，雲州へも西台屋を代理商として買宿制度を移転する。その時の取引契約書は，次の通りである。

請合申一札之事[50]

一，西台屋彦兵衛儀去ル寛政十二申年ゟ木綿御買宿被仰付難有奉存候，然ル上者益太切ニ相心得出精相勤可申候，就右金銀御預ケ被下候ハヽ，其時々無遅滞明白ニ勘定仕立可申候，万ヽ一不届之筋仕出ゟ御店江対シ不勘定相成候ハヽ，請人所持之家屋敷売払，親類共立会急度勘定仕為相済可申事

一，彦兵衛儀不埒仕出，請人所持之家屋舗売払候上，御店勘定相済不申候ハヽ，親類共所持之家屋舗田地等売払急度勘定相立，聊ニも御店江御損掛申間舗候，此段慥ニ可被恩召候，為後日依而一札如件

雲州平田町

文政九丙戌年　　　　　　　　請人　　儀満屋清助　（印）
　　　六月　　　　　　　　同所御宿　西台屋彦兵衛　（印）
三井八郎右衛門殿代
　中村万兵衛殿
　吉野孫兵衛殿
　上野政次郎殿

文政九年

　この文書は木綿の買宿の請負証文であり，買入金銀を預かった場合，越後屋に損害を与えた場合の賠償方法等を明記している。このように越後屋は雲州に産地進出し，伯州での仕入量の不足を補う形で木綿の安定調達を確保しようとした。
　以上で考察したように，越後屋では絹物で成功した買宿制度を伯州・雲州に適用し，木綿においても大規模に展開していったのである。そして伯州に固有の買宿制度を構築し，越後屋による産地生産者支配を行っていったのである。しかも生産技術指導，買宿を指導・育成し，仕入段階で品質管理したので，優良な木綿商品の大量かつ継続的な仕入量の確保が可能になったのである。そうすることによって木綿を新たな戦略的商品に成長させ，優位性を維持・強化していったのである。したがって木綿においても，大規模系列小売商人としての越後屋の発展に，買宿制度が重要な役割を果たしたのである（図5-4）。これを生産面からみると，農村にも越後屋の意図で自給自足経済の中に商品経済化が徐々に浸潤していっているといえるだろう。
　木綿への買宿制度の適用は，呉服店への販売にも影響を与えた。
　まず，伯州木綿の銘柄確立は，次の2つの意味で販売訴求力があった。1つ目として，新たな顧客として大衆層の購買意欲を喚起し，その層を取り込むことで顧客層を拡大することができた。2つ目として，既存の富裕層の顧客離れを防ぎ，絹物の継続的な購買を促進させるとともに，木綿の購買意欲をも掻き

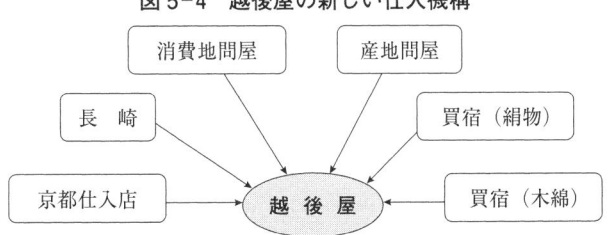

図5-4　越後屋の新しい仕入機構

立てることができた。

　そして木綿への商品多様化によって，呉服店で絹物・木綿について多様な商品を取り揃えられるようになった。この商品多様化により，顧客は呉服を使用目的に応じて選択することが可能となり，選択肢の幅を広げた。またこの品揃えの充実によって，広域的に顧客を取り込むことができるようになり，集客力も向上していったのである。しかも，仕入過程で品質の均質化を推進していったことによる商品の規格化は，大量販売の制約条件を緩和させる効果を生んだ。

　その結果前掲の図4-9に示されるように，既存の市場取引による仕入経路からその取引依存度を下げる形で買宿経路の両方を抱えて商品の確保に当たったため，木綿の仕入量は増大し，呉服売上高を支えるものとなった。さらに既存の仕入経路と買宿経路の併用は，既存の木綿の取引先に対しても取引交渉において競争関係が利用でき，有利な取引条件を獲得することができた。その傾向は，江戸店・大坂店の両方にみられることから，伯州への進出は，上州ほど顕著でないものの呉服売上高を維持し，大規模小売商としての地位を維持することに貢献したと言える。しかも前掲の図2-1に示されるように，日本経済が成長していることに呼応して，呉服売上高を維持している。

　また伯州の買宿制度は，上州のそれと比較して，伯州においてほぼ独占的地位を確立できたという点において，成果は大きかったと言える。さらに言えば，上州のように市場という形態を通じない状況であったので，伯州においては西紙屋を通じてそれぞれの生産段階まで掌握できたという点が，上州の場合よりも買宿制度が進化している点であると言える。すなわち，上州においては市場を通じて商品を確保し，産地生産者を掌握できていなかったため，品質の不均質等規格・品質面で問題点があったが，伯州においては生産技術指導を含めて指導・掌握することで，一定の品質・仕入量を確保することができるようになっていた。また生産段階では，全国の生産者の間で産地情報が共有されず，他方で越後屋は，全国の産地の情報を掌握していたので，取引交渉も有利に運ぶことができたのである。

　第4章と第5章の考察から，1700年代になって，越後屋では江戸市場での

消費拡大に対応するため，全国への買宿設置に重点投資し，そこを系列化し仕入拠点とするという戦略に切り替えることによって，広域的かつ多様な仕入経路から多角的に商品を調達していった。つまり第2期において，大規模小売商が牽引することにより，全国の小規模・零細な生産者を掌握することで，大量仕入れシステムが構築されていたのである。それによって大量販売を実現することができ，しかも大規模小売商が江戸の流行まで汲み取って品質管理していたことは注目に値する。この意味で，大規模小売商の貨幣経済への転換に果たした役割は大きいと言えよう。

　さらにこの多角的商品調達によって，販売対象に適合した商品を提供することで，既存の固定客・新規顧客の両方の顧客層を取り込むことができたのである。しかも，進出地域ごとに商品特性・産地特性に合わせて区別して仕入管理したため，銘柄拡張に成功するとともに，越後屋の銘柄像を維持・統一させることができたのである。そのため新しい産地であっても，銘柄像を低下させることはなかったのである。それどころか越後屋の銘柄像を強化させていき，持続的優位性の形成につながっていったのである。そして包括的な顧客層を惹きつけたことは，江戸市場の消費拡大に寄与し，商品経済化を一層，進展させていったのである。

（1）　桐生織物史編纂会編（1935），pp. 390-393。
（2）　中部（1967），p. 637, 640。
（3）　賀川（1985），p. 396。
（4）　「申渡之覚」（三井文庫所蔵史料 本1474-41）。
（5）　鳥取県立博物館所蔵史料 伯耆国八橋郡赤崎村西紙屋資料 整理番号1番。
（6）　「文政元寅冬伯州直買御差留ニ附願方一件書」（三井文庫所蔵史料 別1324）。
（7）　鳥取博物館所蔵史料 伯耆国八橋郡赤崎村西紙屋資料 整理番号46番。
（8）　現存の買方示合書は，寛政5（1793）年のものであるが，それより以前に提示されたと考えられる。
（9）　鳥取県立博物館所蔵史料 伯耆国八橋郡赤崎村西紙屋資料 整理番号46番。
（10）　鳥取県立博物館所蔵史料 伯耆国八橋郡赤崎村西紙屋資料 整理番号46番。
（11）　鳥取県立博物館所蔵史料 伯耆国八橋郡赤崎村西紙屋資料 整理番号46番。
（12）　鳥取県立博物館所蔵史料 伯耆国八橋郡赤崎村西紙屋資料 整理番号46番。
（13）　鳥取県立博物館所蔵史料 伯耆国八橋郡赤崎村西紙屋資料 整理番号46番。

(14) 鳥取県立博物館所蔵史料 伯耆国八橋郡赤崎村西紙屋資料 整理番号46番。
(15) 鳥取県立博物館所蔵史料 伯耆国八橋郡赤崎村西紙屋資料 整理番号46番。
(16) 鳥取県立博物館所蔵史料 伯耆国八橋郡赤崎村西紙屋資料 整理番号46番。
(17) 鳥取県立博物館所蔵史料 伯耆国八橋郡赤崎村西紙屋資料 整理番号1番。
(18) 鳥取県立博物館所蔵史料 伯耆国八橋郡赤崎村西紙屋資料 整理番号46番。
(19) 鳥取県立博物館所蔵史料 伯耆国八橋郡赤崎村西紙屋資料 整理番号46番。
(20) 賀川（1985），p. 403。
(21) 「伯州買方控」（三井文庫所蔵史料 別1722）。
(22) 林（1963），p. 31。
(23) 伯州にこっそり進出し，産地の独占化を図り仕入量を増大してきた越後屋であったが，次第に地元の商人との競争関係から木綿の仕入量の確保に凌ぎを削ることになる。
(24) 「伯州買方控」（三井文庫所蔵史料 別1722）。
(25) 「伯州買方控」（三井文庫所蔵史料 別1722）。
(26) 「伯州買方控」（三井文庫所蔵史料 別1722）。
(27) 「伯州買方控」（三井文庫所蔵史料 別1722）。
(28) 鳥取県立博物館所蔵史料 伯耆国八橋郡赤崎村西紙屋資料 整理番号8番。
(29) 「申渡之覚」（三井文庫所蔵史料 本1474-41）。
(30) 鳥取県立博物館所蔵史料 伯耆国八橋郡赤崎村西紙屋資料11番。
(31) 「中西宇右衛門書状」（三井文庫所蔵史料 本1474-39）。
(32) 「中西宇右衛門書状」（三井文庫所蔵史料 本1474-39）。
(33) 鳥取県立博物館所蔵史料 伯耆国八橋郡赤崎村西紙屋資料8番。
(34) 「申渡之覚」（三井文庫所蔵史料 本1474-41）。
(35) 鳥取県立博物館所蔵史料 伯耆国八橋郡赤崎村西紙屋資料 整理番号11番。
(36) 鳥取県立博物館所蔵史料 伯耆国八橋郡赤崎村西紙屋資料 整理番号1番。
(37) 買方役人は，買宿経営について，仕入れの指示ばかりでなく買宿全体を監視する機能も付与されていた。
(38) 「西紙屋千之助親類中願」（三井文庫所蔵史料 続590-15-3）。
(39) 「西紙屋千之助親類中願」（三井文庫所蔵史料 続590-15-3）。
(40) 「西紙屋千之助親類中願」（三井文庫所蔵史料 続590-15-3）。
(41) 「尾印勤要記」（三井文庫所蔵史料 本1516）。
(42) 越後屋は家法で買宿を拘束することによって，買宿を管理しようとしていた。これは仕入地域の拡大に合わせて，商家内に全国の買宿を管理する専門の部署を設け，統一した規則で全国の買宿を管理する制度が存在していたと思われる。
(43) 鳥取県立博物館所蔵史料 伯耆国八橋郡赤崎村西紙屋資料 整理番号73番。
(44) 鳥取県立博物館所蔵史料 伯耆国八橋郡赤崎村西紙屋資料 整理番号61番。
(45) 鳥取県立博物館所蔵史料 伯耆国八橋郡赤崎村西紙屋資料 整理番号72番。
(46) 「文政元寅冬伯州直買御差留ニ附願方一件書」（三井文庫所蔵史料 別1324）。
(47) 「文政元寅冬伯州直買御差留ニ附願方一件書」（三井文庫所蔵史料 別1324）。
(48) 鳥取県編（1977），pp. 664-665。
(49) これをさらに加速させたのが，文政3（1820）年の鳥取藩の木綿の専売制施行である。専売制は文政6（1823）年に廃止され，文政8（1825）年に西紙屋との取引関係が再開

されるまでの5年間は取引停止となった。その間伯州における木綿の生産額が，文政元(1818)年から10年間に50万反であったのが80万反に増加し，地元の商人の成長がうかがえる。(鳥取県立博物館編 (1983))。
(50) 「雲州買宿西台屋彦兵衛請負証文」(三井文庫所蔵史料 本1494-19-1)。

第6章 競合呉服商の追随と展開

【伊藤家に残されている史料の一部】松坂屋の前身は，伊藤祐道が慶長16（1611）年名古屋に開業した呉服小間物問屋「いとう松坂屋」である。

（資料）　伊藤家蔵，伊藤家にて筆者撮影。

第1節　大丸屋の追随と展開[1]

　大丸屋は，享保2（1717）年，下村正啓（下村彦右衛門）が京都伏見京町北八丁目に呉服店を開業した。そして享保11（1726）年，大坂心斎橋筋に八文字屋甚右衛門と共同で大坂店である松屋を開業し，越後屋に触発されて正札現金掛値なしという販売方法を取り入れた。享保13（1728）年，名古屋本町四丁目に名古屋店（卸売商）を開くが，享保14（1729）年には小売商へ転換することになる。また寛保3（1743）年には，江戸大伝馬町三丁目に江戸店を開業した。正札現金掛値なしという販売方法が，江戸店を始めとする呉服店において顧客に受け入れられた（資料6-1）。このような多店舗展開に対応して，必要な商品の大量確保が求められた。ただし大丸屋は富裕層を販売の対象とした戦略をとっていたため，仕入れにおいては，京都仕入店，長崎に重点を置いていった。

資料6-1　大丸屋江戸店

（資料）　J.フロントリテイリング史料館蔵。

1. 京都仕入店の追随

　大丸屋では業務拡大に伴って，享保14（1729）年，越後屋の成功をみて，京都柳馬場姉小路に京都仕入店を設置し，ここで商品の値段を定めることになった。大丸屋においても，先に触れたように西陣において撰糸類(せんしるい)の仲買仲間は享保16（1731）年頃からみられるので，西陣の仲買仲間が弱い段階で，京都に進出を果たしていることが指摘できる。その後元文元（1736）年，東洞院押小路下ル船尾町に仕入店を移転して，ここを総本店とした。総本店では，各店の元締めと仕入業務を取り扱った。なかでも総本店（仕入本部）には，太物方，唐物方，西陣方，縮緬方，絹麻方があり，絹物を中心に取り扱っていると言えるだろう（図6-1）。

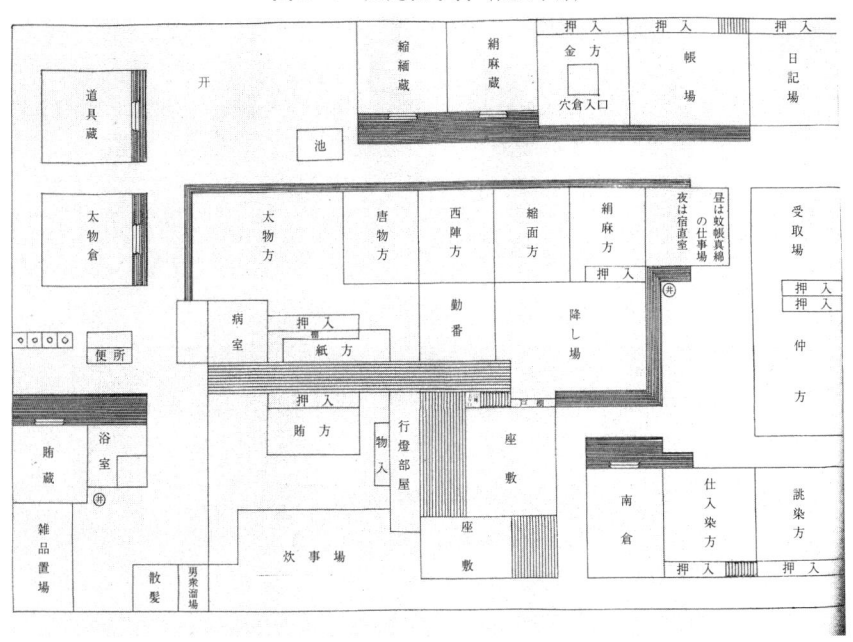

図6-1　大丸総本店（仕入本部）

（出所）大丸二百五十年史編集委員会編（1967a），第3巻，p.48。

2. 長崎仕入れの追随

　大丸屋では，もともと長崎からの舶来織物類は，京都仕入店の唐物方から仕入れていた。さらなる富裕層を取り込むため，越後屋の長崎仕入れに追随し，元文3（1738）年，長崎本商人に加入し，元文4（1739）年，長崎糸割符仲間の株を銀二十枚で購入して，本格的に長崎の唐物取引に進出した。この長崎の糸割符仲間株購入の背景には，輸入糸量が元禄元（1688）年に99,860斤余であったのが，元文3（1738）年には，11,449斤余と九分の一程度に激減していることもあった。舶来織物類の仕入量を確保するためには，長崎糸割符仲間に入らざるをえなかったのである。この時の史料を次に示す。

　　　　　　　　　乍憚口上書ヲ以奉願上候[2]
一、此度私共義於長崎唐物商売入札之義御差免被遊被下候様ニ奉願上候　依之
　　私共組合ノ内大文字屋彦右衛門方より支配人差下し商売為致申度奉願上候
　　然ル上ハ右差下し申支配人於長崎表抜ヶ荷物之義ハ不及申紛敷諸色一切買
　　取らせ申間敷候　自然納銀等相滞候ハヽ組合之内より急度上納可仕候
　　此段御聞届ヶ被遊唐物商売入札御差免被遊被下候ハヽ重々有難可奉存候
右之趣被仰上被下候様奉願上候　巳上
　　　　年号　　　月
　　　　　　　　　　　　　　　　　　木挽北ノ町
　　　　　　　　　　　　　　　　　　　願人　大文字屋彦右衛門
　　　　　　　　　　　　　　　　　　塩町四丁目
　　　　　　　　　　　　　　　　　　　組合　小橋屋利兵衛
　　　　　　　　　　　　　　　　　　天満碁盤や町
　　　　　　　　　　　　　　　　　　　同　　井筒屋四郎兵衛

　糸割符御年寄中

第 1 節　大丸屋の追随と展開　127

　これは長崎における唐物入札の許可願書であり，抜荷は行わないこと，紛らわしい商品は一切買取らないこと，納銀など滞ることがあった時は，組合で上納すること等が定められている。かくして大丸屋においては，京都の長崎問屋を介さずに，直接長崎の買付けに乗り出した結果，一定の成果を収めていったのである。

3. 買宿制度の追随

　大丸屋では市場の拡大に基づく調達量の限界から新興の産地にも着目し，天明6 (1786) 年，越後屋の成功を目の当たりにして買宿制度(かいやどせいど)を取り入れていった。なお後述するいとう松坂屋では，文化8 (1811) 年に買宿制度を導入していて，すばやく情報が普及する時代ではなかったので，商家から商家への革新の伝播には，およそ大丸屋が65年，いとう松坂屋が約90年の時間差がある。

　さて越後屋の買宿制度に追随して産地に買宿を設置した大丸屋では，まず上州において買宿を設置した。次の史料から大丸屋と買宿との取引関係をうかがうことができる。

覚[3]

一，御買物下直ニ相調候儀は勿論之事ニ候毎々番三中申合少ニ而茂為ニ不宜絹一切相調申間敷候事

一，市揚リ絹善悪相改評儀可致候　万一目利違等有之候共
　　市札付替候儀は決而相成不申候　諸色時之相場相考御買役中様江御相談可致候事

一，市乗無懈怠勤可致事　尤無拠用事有之候歟又病気等之節は格別是外は所々定日無懈怠罷出可申事

一，御買役様方御逗留中御身持御不行跡之儀有之候歟又は御店御定書ニ相違之儀有之候はゞ少茂無御遠慮早々京都御通達可致候事

一，御荷物溜リ次第無油断差登可申候　尤先格之通荷拵等御手伝致早々飛脚江相渡

可申候事
一、此方之儀は御店一躰并相心得諸事御買役中様和順致少茂隔意無之様可致候　勿論御店御商売御勝手宜様万事取斗専一ニ候　右之外先年より御店御定書之通相心得可申候事
右之通聊相違致間舗候　為後日□書付如件
右は御店御定書之趣を以私家之作法相定申候　若於子孫相違等御座候共御憐愍を以御定書之通相慎相続仕候様被仰付下置度偏ニ奉願候　依而条々如件
　天明六年午五月

　　　　　　　　　　　　　　　上州藤岡
　　　　　　　　　　　　　　　御宿
　　　　　　　　　　　　　　　　　新井喜兵衛
　　　　　　　　　　　　　　　　　同　毎右衛門
　　　　　　　　　　　　　　　　　　　書判

下村正太郎様
大丸正右衛門様

　このように，買宿は大丸屋に対して良質の絹物を取揃えること，目利き違い等で市札を付け替えることはせずその場合には相場など買役と相談すること，買取った荷物は一定量を確保次第発送すること，また大丸屋の意向に従って仕入業務を遂行すること等を誓っている。その上ここでは家法の拘束性がみられず，越後屋の買宿制度と比べてより穏やかな管理が行われていると言えるだろう。そして図6-2に示すように，買宿制度によって上州絹の仕入量を増大させていった。
　また大丸屋では，越後にも買宿制度を移転していて，次に示す史料は飛脚である大河清左衛門が不相続のため，高桑八十吉が先々年賦の残りと預り金を合せて引継ぎ代買役を勤めるという代買請負証文ならびに保証の証文である。

図6-2　大丸屋における上州絹仕入高推移

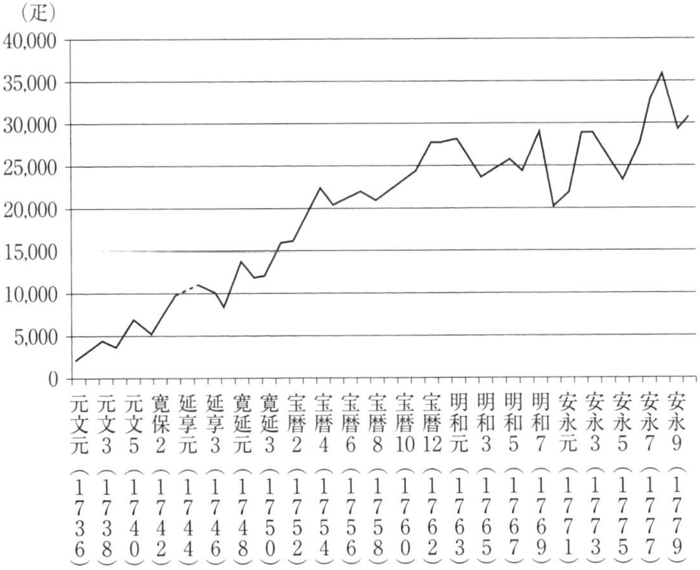

(縦軸：疋、0〜40,000)

横軸：
元文元(1736)、元文3(1738)、元文5(1740)、寛保2(1742)、延享元(1744)、延享3(1746)、寛延元(1748)、寛延3(1750)、宝暦2(1752)、宝暦4(1754)、宝暦6(1756)、宝暦8(1758)、宝暦10(1760)、宝暦12(1762)、明和元(1763)、明和3(1765)、明和5(1767)、明和7(1769)、安永元(1771)、安永3(1773)、安永5(1775)、安永7(1777)、安永9(1779)

(出所)　林(2003a)，p.199より作成。

　　　　　　　　　　一札之事[4]

一金　弐両三歩ト九百拾文　　　　　先々年賦之残リ
一金　拾五両也
　　　合金　拾七両三歩と九百拾文
右者大河清左衛門不相続ニ付此度相改私方御代買仕度御願申上候処御聞済被下無滞被仰付別而御役銀口銭縮壱反ニ付廿文宛被下置忝奉存候　然ル上者御荷物道中ニ而紛失又は濡痛等出来致候共御店へ少しも御損懸申間舗候　且年賦金引請当巳ノ年より来ル卯之年迄金壱両弐歩宛翌辰之年には冬金壱両壱歩銭九百拾文都合元入皆済迄聊無相違急度返済可仕候　且御買物之儀者廉抹無之候様御手支等不相成候様急度相勤可申候　為後日之一札依而如件
　　寛政九丁巳年四月
　　　　　　　　　　　　　　　越後柏崎　　高桑八十吉　(印)

　　　　　　　　　　　　　　　　　　　　　　後見源七　　（印）
　　京都　　大丸屋正右衛門殿
右本文之通聊相違致させ申間舗候　万一此後故障之儀出来致候得は我等両家引請
急度埒明少しも御手支等致させ申間舗候　為後日奥印依而如件
　寛改九丁己年四月
　　　　　　　　　　　　　　　越後十日町　　証人　蕪木安之丞（印）
　　　　　　　　　　　　　　　同所堀之内　　同　　五十嵐源六（印）
　　京都　　大丸屋正右衛門殿

　次の証文は，買宿である蕪木八郎右衛門に代わり大丸屋が金子千五百六拾両を勘定所へ納めるという内容である。なお，上納金は為替で取組み，上納期日に遅れることがあれば為替定法の利足を加えて納めるとしている。

一金　千五百六拾両也
　　　　　　　　　　　　　　三月十五日，同月廿二日江戸御上納
右は此度江戸為御登金之内為御替御取組申上書面之金子慥ニ請取申処実正ニ御座候
此代リ金規定証文之通当三月廿二日江戸大丸屋正右衛門方より御屋敷様江聊無相違
御上納可仕候　万一日限及遅滞候ハヽ為替定法之利足ヲ加ヘ其御役所江急度御上納
可仕候　為後日為替証文依而如件
　天保十亥年三月十五日
　　　　　　　　　　　　　　　　　　江戸通旅籠町
　　　　　　　　　　　　　　　　　　大丸屋正右衛門
　　　　　　　　　　　　　　　　　　　　手代　甚兵衛（印）
　　　　　　　　　　　　　　　　　　　　　　　作兵衛（印）
　　　　　　　　　　　　　　　　　　右旅宿
　　　　　　　　　　　　　　　　　　越後十日町
　　　　　　　　　　　　　　　　　　　蕪木八郎右衛門
　長岡様

第1節　大丸屋の追随と展開　131

御勘定所

此通リ相認差上置申候　右御屋敷より
御請取手形相返リ次第引替仕舞可申候已上(5)

　そして安永年間（1772-1781年）には，図6-3に示されるような地域に買宿を構えていた。
　これまでの考察から，大丸屋では買宿制度を取り入れ，図6-4に示すような仕入機構で商品を調達していった。越後屋の仕入機構と比較すると，絹物を中心に展開されているため地域が限定的であること，特に長崎の舶来織物類の仕入れに力を入れている，というところにその特徴が見出せる。この背景には，絹物の方が木綿より利益率が高いので主力商品とした，という戦略があったと

図6-3　大丸屋における買宿制度の展開（安永期（1772-1781）年）

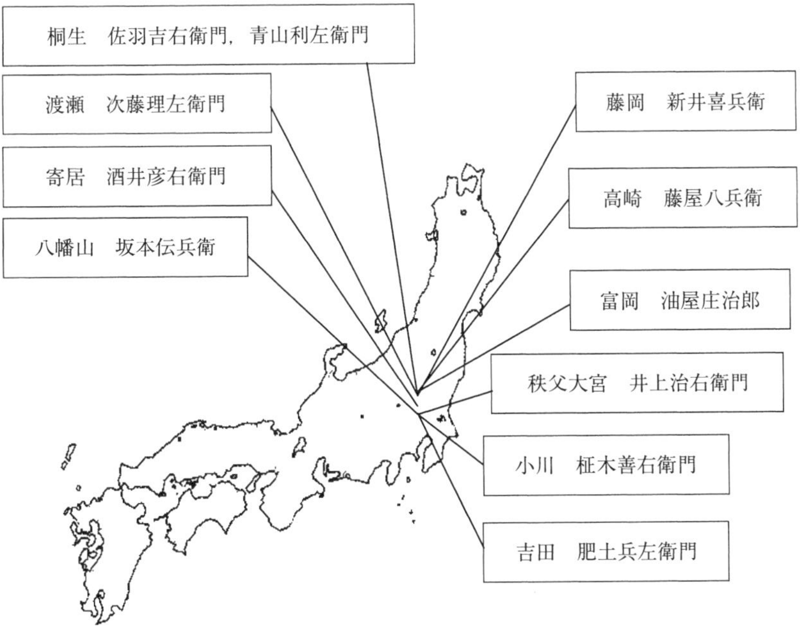

- 桐生　佐羽吉右衛門，青山利左衛門
- 渡瀬　次藤理左衛門
- 寄居　酒井彦右衛門
- 八幡山　坂本伝兵衛
- 藤岡　新井喜兵衛
- 高崎　藤屋八兵衛
- 富岡　油屋庄治郎
- 秩父大宮　井上治右衛門
- 小川　柾木善右衛門
- 吉田　肥土兵左衛門

（出所）林（1967），p.110-111より作成。

132   第6章 競合呉服商の追随と展開

図6-4　大丸屋の仕入機構

```
┌──────────┐   ┌──────────┐   ┌──────────┐
│  長　崎   │   │ 消費地問屋 │   │ 産地問屋  │
│元文3(1738)年│   │          │   │          │
└────┬─────┘   └────┬─────┘   └─────┬────┘
     │              │               │
     ▼              ▼               ▼
┌──────────┐      ╭─────────╮      ┌──────────┐
│ 京都仕入店 │────▶│  大丸屋  │◀────│  買　宿  │
│享保2(1717)年│     │享保2(1717)年│    │宝暦5(1755)年│
└──────────┘      ╰─────────╯      └──────────┘
```

考えられる。

第2節　いとう松坂屋の追随と展開[6]

　いとう松坂屋は，慶長16（1611）年，伊藤祐道（伊藤源左衛門）が，名古屋本町に呉服小間物問屋を開業した。元文元（1736）年，伊藤祐寿（5代伊藤次郎左衛門）の時に呉服太物小売業へ転身し，その時から越後屋に追随して，正札現金掛値なしの販売方法を取り入れた。その後明和5（1768）年に太田利兵衛

資料6-2　上野店の店内

（資料）J.フロントリテイリング史料館蔵。

第 2 節　いとう松坂屋の追随と展開　133

から上野松坂屋を買収して上野店を開設し，江戸進出を果たす。資料 6-2 は，上野店の店内見取図である。これによると店内には，「正札現金か希祢那し」の表示がみられ，また「諸家　御袈裟衣地　品々　御装束他」とあり，顧客として僧侶も対象になっていることがうかがえる。しかし一般的には，庶民層を販売対象とした戦略を展開していたため，仕入面では京都仕入店と木綿問屋（亀店，松店）に力を入れていった。

1. 京都仕入店の追随

いとう松坂屋では，もともと京都買物役を京都に常駐させて仕入活動を行っていたが，販売量の拡大に合わせて，延享 2（1745）年，京都室町姉小路に京都仕入店を開設した。そのためまだ，西陣における仲買仲間の規制が弱い段階で西陣に進出できたと理解されよう。延享 2（1745）年，いとう松坂屋で制定された「京店式法」を次に掲載する。

定[7]

一　御公儀様御法度之儀者不及申，御町内之式法急度相守可申候，并火之元之義，相互常ヽ申合麁抹ニ無之様入念可申候事
一　何方ゟ金銀之用事等申来候共，一切取替申間敷候，勿論買物等口請合不罷成候，并一宿たりといふ共，指図仕間敷候，縦親類縁者懇意之者ニ而も手前為一宿候儀，無用ニ候，名古屋表ゟ，取参之衆中共ニ右同前之事ニ候，尤判鑑指遣置候間，右之判鑑持参候ハヽ，引合順書面留可申候
一　名古屋表ゟ商売躰之注文等申登衆中有之候共，一切請申間敷候，若右之品有之，判鑑持参候者，是又可順書面候
一　名古屋表江下シ荷物，書状被頼候共，賃銀名古屋ニ而請取可申様，飛脚相談可仕事
一　店之者，商用ニ罷出候共，小右衛門江相達可罷出候，猥罷出申間敷候，并芝居見物等，惣而遊行懇意方ゟ誘引被下候共，当時人少ク有之候ヘ者，御礼挨

134　第6章　競合呉服商の追随と展開

　　拶仕可為無用候，宿於店無作法無行脊異相躰之事仕間敷候，喧叱口論諸事
　　相慎可申候
一　商用罷出候節，実躰ニ入念用事相調事済候ハヽ，直ニ宅ヘ罷帰可申候
一　名古屋店ニ而御用御調被成候方ヽ，被登候而，買物御頼候共，名古屋ゟ判鑑書
　　中無之候方ヘハ断申，諸事引合申間敷候
　右之通堅相守商用無油断可相勤者也　　　　　　　　　　　　　惣七件
　　　延享二丑六月
　　　　　　判鑑　（印）（印）

　　　　　　　　　　　　　　　　　　　　　　　　　　　　　　名古屋
　　　　　　　　　　　　　　　　　　　　　　　　　　　　　　本店

　これは，仕入店を開業するに際して商売の心得を示したものである。この心得は7条からなり，一貫して仕入業務に専念することが強調されている。殊に商売においては信用が大切であり，取引があるかどうか判鑑帳を作り照合するほどの気配りをしている。そして，寛延2（1749）年，業務拡張に伴って京都新町六角下に移転する。

2．いとう松坂屋の問屋業務

　いとう松坂屋では木綿に本格的に進出するため，文化2（1805）年8月，江戸大伝馬町一丁目に，亀店（木綿問屋）を開設し，綿花，綿糸，綿布を中心に取り扱う問屋業務に乗り出していった。その開設にあたって，「掟書」を定めている。これは，長文であるので主要条項を摘記して下記に示す。

　　文化元酉季五月　　　再改壱巻差下ス[8]
　　文化二年丑八月，東武大伝馬町出店見世開ニ付，掟本店ニ応相改写也
　　掟書之趣，具ニ致承知，急度可相守候，行儀式法乱候時者，商売之可為防候，此
　　掟書読候時，惣中集り行儀を不乱，静ニ趣聞届ケ可相守候，此掟書ハ店之為斗に

てもなく，銘々能キ商人ニなり，立身致遍く其ニ而候，然ルを不心得にして用ひざ流者大キ成誤にて可有候，毎茂替羅怒同事なれバ，度々見聞にも不及として簡略に思ふへかす，此掟書ハ各々金言にて可有候毎月定日無懈怠読聞セ可申候，仮令夜更候共，無退屈急度読聞ケ可申候

法度之事
一，従御公儀様被仰出候御法度，是趣堅ク相守可申候
一，御触相廻り候節，家内之者江申聞せ急度相守候様ニ可申渡事
一，御上様方之御噂抔，堅仕間敷相慎可申事
一，今般弐拾番組木綿繰綿問屋仲間加入致し見世差出候，町内儀定之趣別紙有之，有増之要用を記，大帳之箇條之趣相背候節ハ，過料出銀之事能々相心得急度相守可申事
一，勢州・大坂・尾三州売場所帳面ニ付ケ不申，猥ニ手前附ニ商内堅致間敷候
一，相庭物売崩シ申間敷事
一，木綿貸借堅ク仕間敷事
一，売場所之者共与馴相商内堅無用之事
一，仲間相談之節，支配人自身ニ罷出可申事
一，在々他所江荷物出置出商内，堅無用之事
一，諸国買継問屋仲間取引之外，堅無用之事
一，木綿荷物仕入方之儀，外より被相頼候共，取次一切仕間敷事
一，売掛り印判急度取置可申事
一，仲間建銀日限差引相定之通，無相違請渡シ可致事
一，諸国京都仕入之儀，前方ニ注文差為登セ候様可致候，諸事急ニ申遣シ候而は，払底成品等下直ニ相調不申候，前広ニ注文有之候得ば，心掛能々致吟味，利口ニ茂相調可申候，兼而其心得可有事
一，最初は現金売と相定置候得共，馴満重リ候得バ，掛ニも相成物ニ而候，然ば次第次第ニ掛売ニ成，現金売之元を失ひ可申候，兎角何程馴満重り候共，掛ぬと安き越表ニ出し律儀成ル商之仕様直段あふて現金ならでハ売怒と，名を取店へ買に参候様ニ仕以可申候，此商之仕様ニ候ハバ当時之様子ニて

は益繁昌可致候，何連茂能ヽ相心得可被申事

ここでは亀店を設置するにあたって，「今般弐拾番組木綿繰綿問屋仲間加入致し見世差出候」とあり，二十番組木綿繰綿問屋仲間に加入していることが認識できよう。そして，「諸国買継問屋仲間取引之外，堅無用之事」，「木綿荷物仕入方之儀，外より被相頼候共，取次一切仕間敷事」との記載から，仲間以外の取引が禁止されていて，これらの項目が仲間以外の取引の制約となっていたことがうかがえる。また，江戸幕府や町内の儀定の趣を守ることが明記されているほか，亀店の業務や仕入れに関しての心得も定められている。なお，当時の商取引として江戸に入ってくる荷物は必ず問屋を経由して，庭口銭として4分を徴収する定めがあった[9]。これに対して，荷受問屋に携わることによって，流通経費をそれだけ節約することができたのである。

その後安政3（1856）年に，名古屋城下車町に松店（木綿問屋）を開業し，消費地卸を手掛けることで卸売業務の幅を広げていった。このように問屋業務に携わることによって，木綿の仕入量を確保していったのである。

3. 買宿制度の追随

いとう松坂屋の新興の産地進出に関しては，「いとう呉服店年契」に「1732年9月3日，店員久兵衛，上州にて没す」とあり，久兵衛がどのような役割を担っていたのかは定かではないが，この頃すでに店員が直接産地に赴いていることがうかがえる。

また次の史料は，手形によるものと現金によるものの受取証文であり，いとう松坂屋が享保期（1716-1736年）にすでに金融機能を付与して，産地進出を果たしていたことがうかがえる。

覚[10]

一，大形金三拾六両

代銀
右之小判細帯布百六拾疋相調申内ニ慥ニ請取申候，追而布晒出来次第ニ御無用可
致候，為其手形如件，
享保六年丑正月廿一日　　　　　　　　　　　　　　　高岡塩屋
　　　　　　　　　　　　　　　　　　　　　　　　　　　与次兵衛（印）
　　伊藤次郎左衛門様　　　　　　　　　　　　　　　　三郎兵衛（印）
　　同　源兵衛様

　　　　　　　　　　　　　　覚(11)
一，金五拾両之内四拾両ハ小粒也
　　　右之通リ慥受取申候ニ付，相調仕切表ニ而，勘定可申候，為後日仍而如件，
　　　酉九月十五日　　　　　　　　　　　　　　　　見次直左衛門（印）
　　　　伊藤久兵衛様

　そして，次に示すように，文化8（1811）年，上州，越後において買宿制度
を取り入れている。

　　　　　　　　　　　　　　掟(12)
高崎表滞留中，御絵蒔并御帳面共精〻大切ニ可仕事，若火災等之節ハ自分ニ持出立退
キ可申候事，尤市廻抔留主中ハ，宿元江願入候様頼置，麁抹無之候様，取斗ひ可申
事
右之通堅相守可申事
　　月　　日　　　　　　　　　　　　　　　　　　　　　尾州
　　　　　　　　　　　　　　　　　　　　　　　　　　　　　支配方

　　　　　　　　　　　　　　掟(13)
小千谷表滞留中，御絵蒔并御帳面精〻大切ニ可仕事，若火災等之節ハ自分ニ持出立退
キ可申事，尤，市廻抔留主中ハ，宿元江聢等相頼置，麁抹無之様，取斗ひ可申事

138　第6章　競合呉服商の追随と展開

右之通堅相守可事

　　　月　　　日　　　　　　　　　　　　　　　　　　　　　尾州

　　　　　　　　　　　　　　　　　　　　　　　　　　　　　　支配方

　この文書は，高崎ならびに小千谷における買宿滞留中の心得であり，買宿で逗留中帳面は管理すること，市廻りなどで留守になる時は，買宿に頼んでおろそかになることがないようにすること等が定められている。

　そして，文政7（1824）年には，図6-5のような地域に買宿を設置していた。

　このようにいとう松坂屋では，図6-6に示すような仕入機構を形成していった。越後屋と同様に木綿の需要増大の機会をうまく捉えるが，木綿仕入れに重点を置いていて，その上亀店，松店といった木綿問屋から仕入量を確保していった点が異なっていた。これに対して越後屋では，すでに商家内において，絹物の買宿制度の知識が蓄積されていたので，それを木綿においても活用していったのである。

図6-5　いとう松坂屋における買宿制度の展開（文政7（1824）年時点）

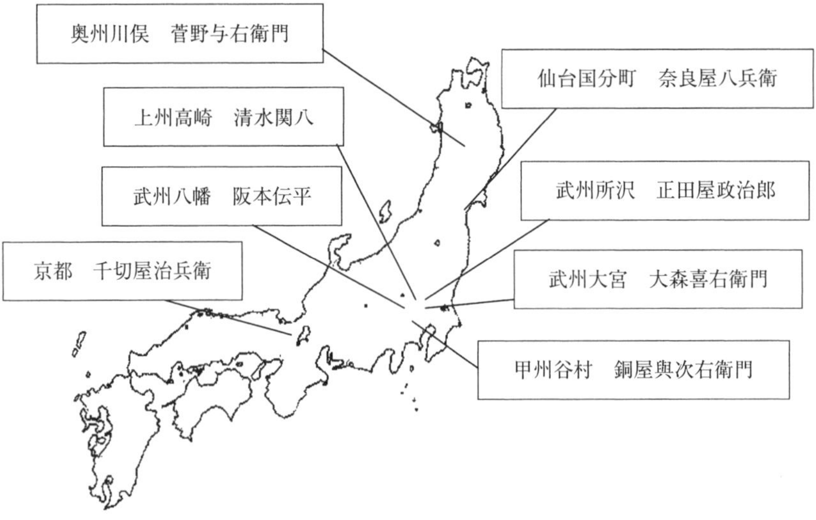

- 奥州川俣　菅野与右衛門
- 上州高崎　清水関八
- 武州八幡　阪本伝平
- 京都　千切屋治兵衛
- 仙台国分町　奈良屋八兵衛
- 武州所沢　正田屋政治郎
- 武州大宮　大森喜右衛門
- 甲州谷村　銅屋輿次右衛門

（出所）加藤善三郎編『鶴齢記』，pp. 61-62 から作成。

ところで図6-7は，越後屋江戸店といとう松坂屋上野店の売上高推移を示したものである。図6-7より，越後屋江戸店は，いとう松坂屋上野店の追い上げにあうが，呉服売上高でその座を譲ることはなかったことが確認できよう。

図6-6　いとう松坂屋の仕入機構

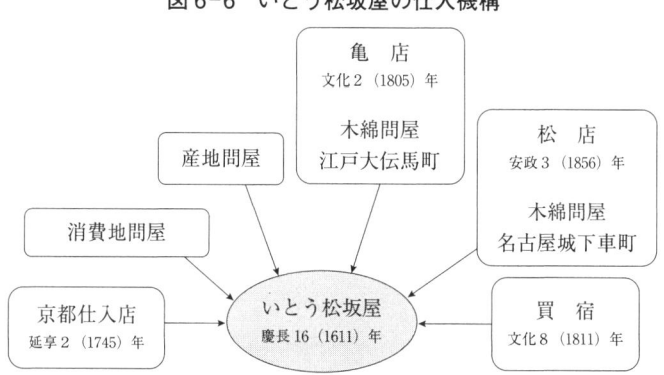

```
                    亀　店
                 文化2（1805）年
                  木綿問屋
         産地問屋   江戸大伝馬町      松　店
                                 安政3（1856）年
  消費地問屋                        木綿問屋
                                 名古屋城下車町
  京都仕入店        いとう松坂屋
 延享2（1745）年   慶長16（1611）年    買　宿
                                 文化8（1811）年
```

図6-7　越後屋江戸店といとう松坂屋上野店の売上高推移

貫　匁

―――― 越後屋江戸店　　‥‥‥ いとう松坂屋江戸店

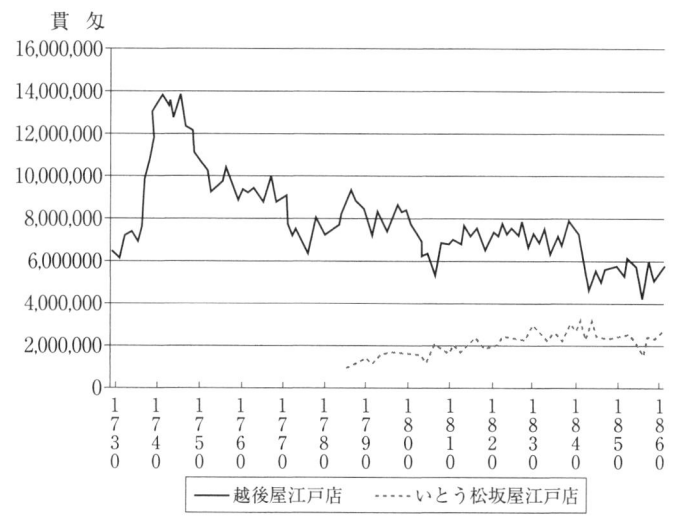

（出所）「目録吟味寄」（三井文庫所蔵史料，本837～838），「店々惣目録吟味寄」（同，本851～864），「いとう呉服店年契」より作成。なお，寛政7（1795）年のデータは，竹中治助編（1964）によった。

このことから買宿制度で，先発の越後屋には，後発のいとう松坂屋は対抗策を講じえなかったと言えるだろう。

　こうした競合呉服商が対抗措置を打ち出せなかった背景には，越後屋が先行して買宿制度で産地進出を果たすと，先に産地を囲い込むので，後発で進出するには限界があったことがあげられる。また越後屋の買宿制度の手法を容易に取り込めなかったこと，たとえ習得できたとしても，商品によって産地特性に合わせて，時間の経過とともに変化させまた精緻化させていったので，改善の変化に容易には追随できなかったことも指摘できる。それゆえに競合呉服商の追撃にあっても，安定した地位を保持できたのである。

　したがって以上の検討から，越後屋，大丸屋，いとう松坂屋ともに共通して，買宿制度という仕入機構の開拓に乗り出しているが，越後屋と，大丸屋，いとう松坂屋とは次の2点で異質であった。

　第1に越後屋の場合，買宿制度を補完する形で市場取引での仕入経路を活用していた。それに対して，大丸屋，いとう松坂屋の場合においては，買宿からの仕入量は市場取引による仕入経路を補充する程度にすぎなかった。このように買宿制度といっても，仕入れの比重の置き方が異なっていたのである。

　第2に越後屋では，幅広く長崎の高級な唐反物を始めとして国内の産地の絹物，木綿を取り扱うという多角的商品調達を行っていたので，享保の改革，寛政の改革，天保の改革といった幕府の財政改革で質素倹約が奨励されていた時期，あるいは景気の後退期にも柔軟に対応できたと考えられる。その一方で，大丸屋が絹物に，いとう松坂屋では木綿に重点を置くという戦略の違いがある。

　これらのことが，優良商品の大量かつ安定調達という観点からは，越後屋が優位性を発揮する源泉となっていったのである。

　さて表6-1は，寛政期（1789-1801年）の主要な呉服商を示したものである。なお網掛け部分は，買宿制度を採用した呉服商である。享保期（1716-1736年）から寛政期（1789-1801年）にかけて経営を継続している呉服商の中には，買宿制度を取り入れる動きが出ていることが認識できる。

　ところが買宿制度に追随したすべての呉服商が，その後大店として経営を維

表6-1　寛政期の主要呉服商（1789-1801）

白木屋彦太郎	日本橋
越後屋八郎右衛門	駿河町
越後屋八郎兵衛	駿河町
伊勢屋伊兵衛	長谷川町あら木
大丸屋正右衛門	旅籠町
嶋屋市郎右衛門	馬喰町
松屋又作	本町問屋
松屋五兵衛	本町問屋
松屋源七	本町問屋
金屋彌右衛門	本町問屋
槌屋四郎左衛門	本町問屋
菱屋善兵衛	本町問屋
伊豆蔵吉右衛門	本郷
伊豆蔵吉右衛門	本町
大坂屋長十郎	本町二丁目
松坂屋利兵衛	上野広小路
奈良屋嘉左衛門	湯島一丁目
松坂屋八助	芝口
近江屋彦太郎	市谷
伊勢屋太兵衛	芝神明町
槌屋幸助	櫻田久保町
舛屋九右衛門	麹町岩升
伊豆蔵忠助	麹町
加賀屋五郎右衛門	三田
伊勢屋伊兵衛	三田荒木
蛭子屋八郎左衛門	尾張町
亀屋七左衛門	尾張町
布袋屋善右衛門	尾張町

※網掛け部分は買宿制度を採用。
(出所)　斎藤（1935），pp. 112-113，および藤岡町史編纂委員会編（1957），pp. 754-755より作成。

持できたとは限らなかった。買宿制度と言っても2種類あり，それらは呉服商と専属的契約を結んだ買宿と取引する呉服商と，複数の呉服商との契約を結んでいる買宿と取引する呉服商である。前者の買宿と専属的契約を結んだ呉服商として，「諸国道中商人鑑」（資料6-3）によると，例えば星野金左衛門は越後屋，諸星七左衛門は白木屋，新井喜兵衛は大丸屋のためだけの仕入れに専念する買宿であることが示されている。専属的契約を締結した呉服商の方が，複数の呉服商との契約を結んでいる買宿と取引する呉服商より買宿を管理することができ，その結果量的にも質的にも仕入商品の向上を図ることが可能となり，商家経営の持続的維持につながっていったと考えられる[14]。

さて，越後屋と産地の有力商人との共同革新で始まった買宿制度は，文化11（1814）年には，上州において，次に示すように越後屋を始めとする40件の呉服商で取り入れられており，他の商家に模倣され，江戸時代の呉服の流通取引制度として普及することになり，一段と拡大をみせる[15]。

越後屋八郎右衛門，白木屋彦太郎，大丸屋正右衛門，戎屋八郎左衛門，升屋九右衛門，亀屋七右衛門，布袋屋善右衛門，伊勢屋伊兵衛，槌屋幸助，松坂屋八助，奈良屋嘉右衛門，亀屋吉兵衛，槌屋彦右衛門，俵屋三右衛門，奈良屋忠兵衛，近江屋卯

資料6-3　呉服商と専属的契約を結んだ買宿と取引する呉服商

（資料）「諸国道中商人鑑」三井文庫蔵。

第2節　いとう松坂屋の追随と展開　143

兵衛，近江屋利兵衛，近江屋三左衛門，川口屋利兵衛，槌屋藤右衛門，松坂屋利兵衛，島屋市郎右衛門，越後屋八郎兵衛，唐木屋七兵衛，大黒屋三郎兵衛，柏屋孫左衛門，伊豆屋吉右衛門，大黒屋吉右衛門，辻新兵衛，松坂屋籐八，富田屋源七，大黒屋又兵衛，曽我石庄兵衛，松坂屋治兵衛，伊勢屋八兵衛，菱屋善兵衛，松屋亦作，井筒屋伊兵衛，松葉屋久兵衛，近江屋喜右衛門[16]

上記から，白木屋へも買宿制度が移転しているが，上州ばかりでなく甲州郡内でも取り入れている。その時の史料を次に示す。

以書付御願申上候[17]

御店様御買宿之儀，旧来相勤，御蔭ヲ以相続仕来，冥加至極難有仕合奉存候，然ル所思召も有之，当年より御買役様御越無之由承知仕候，左候ヘハ定テ御買方之儀，夫々御手当等も可被遊奉存候ヘ共，私方之儀ハ，旧来御買宿相勤来，此節外々へ御代買等被仰付候様相成候テハ，外聞旁先祖へ対シ申訳無御座，殊ニ渡世ニ難渋仕候，何卒格別之御憐愍ヲ以，私方へ御代買被仰付被下候様奉願上候，然ルヘハ万事正路ニ仕，出精相勤可申候，尤御口銭之儀，織物壱疋ニ付銀五分五厘宛被下置候処，以来壱疋ニ付銀三分ニ御定被成下，幾重ニも私方へ御代買被仰付被下候様奉願上候，万一御買金故障之義，其外何等不行届之義有之候とも，加判之者共引請，御店様へ少も御損毛御苦労相掛ケ申間敷候，何分前書之趣，御聞済被成下候様偏奉願上候，以上

　　文政四巳年　　　　　　　　　　甲州郡内領下谷村
　　　　正月　　　　　　　　　　　願人　安富七兵衛
　　　　　　　　　　　　　　　　　親類　森嶋重助
　　　　　　　　　　　　　　　　　同断　森嶋理八
　　　　　　　　　　　　　　　　　同断　白井弥右衛門
　　　　　　　　　　　　　　　　　同断　水口与右衛門
　　　　　　　　　　　　　　　　　同断　桑貝宗林

　白木屋

五郎右衛門様

善右衛門様

　これは買宿の存続嘆願書であり，これまで白木屋の買宿を努めてきたが，不都合なことがあったのか，今年から買役も来なくなり，そのうえ代買も外に指名され生活にたいへん困っているので，口銭を織物一疋につき銀五分五厘から銀三分に変更するので代買を仰付けて欲しいという内容である。

　このように，越後屋の創出した買宿制度を後発呉服商の多くが採用することによって，呉服需要の裾野が拡大し，呉服業界を成長産業に押し上げていき，呉服業界の存立基盤を確固たるものにしていったのである。それによって江戸の消費者に買物の利便性の向上をもたらし，江戸市場はなお一層活性化し，貨幣経済が進展していったのである。

　ただし買宿制度が普及したとはいえ，後発の呉服商は，金融機能は行っているものの越後屋が伯州で展開したような生産技術指導，仕入教育にまで踏み込んだ模倣や導入がなされているわけではなかった。そのため越後屋における買宿制度の有効な管理による優位性が，後発呉服商の模倣によって解消されたわけではなかった[18]。

　そのうえ呉服商の買宿制度が普及することで，産地の既存の仲買，問屋の活動圏が狭められ，既存の流通経路は衰退していったのである。そして，産地においても買宿制度の導入が，地域経済の活発化を後押ししていったのである。

　総括的に言えば，買宿制度は，呉服業界の成長のみならず地域経済の発展をも促進し，生産・消費の発達に中心的な役割を果たした。そして，図2-1に示される日本の経済成長の隆盛を実現できたのは，買宿制度が下支えしていると言えるだろう。すなわち大規模呉服商が新しく構築した買宿制度の商品流通に果たした役割は多大なものがあり，大規模小売商が牽引して日本の持続的な経済発展を促進させていったのである。

（1）大丸屋の記述については，大丸二百五十年史編集委員会編（1967a）第1巻〜第8巻，

注　145

　　　および大丸二百五十年史編集委員会編（1967b）によるところが大きい。とりわけ，第1巻〜第8巻は，出版本の基本原稿であり，J.フロントリテイリング史料館に所蔵されている。
（2）大丸二百五十年史編集委員会編（1967a），第3巻，p. 18。
（3）大丸二百五十年史編集委員会編（1967a），第3巻，p. 57。
（4）大丸二百五十年史編集委員会編（1967a），第3巻，pp. 60-61。
（5）大丸二百五十年史編集委員会編（1967a），第3巻，p. 59。
（6）いとう松坂屋については，有賀光胤（1937），松坂屋伊藤祐民伝刊行会編（1952），松坂屋70年史編集委員会編（1981）によるところが大きい。
（7）「京店式法」（伊藤家所蔵史料）；松坂屋は，江戸時代にいとう松坂屋，明治時代には松坂屋いとう，明治34（1901）年から松坂屋いとう呉服店と屋号変更した。なお，以下で言う伊藤家所蔵史料とは，伊藤家ならびに松坂屋本社（現在，史料はJ.フロントリテイリング史料館に所蔵されている。）よりご提供頂いた，整理番号も付与されていない未整理の一次資料である。
（8）「掟書」（伊藤家所蔵史料）より抜粋。
（9）加藤善三郎編『鶴齢記』p. 50。（『鶴齢記』は，明治26, 27（1893, 1894）年頃に，松坂屋いとうの従業員である加藤善三郎が，明和5（1768）年からの伊藤家，呉服商にまつわる歴史をまとめたものである。）
（10）伊藤家所蔵史料。
（11）伊藤家所蔵史料。
（12）「越後上州諸用控」（J.フロントリテイリング所蔵史料）。
（13）「越後上州諸用控」（J.フロントリテイリング所蔵史料）。
（14）次頁の付表のように，その点においても追随したのが，大丸屋，いとう松坂屋，白木屋，松屋，つちやといった呉服商であり，これらは，明治期に商家経営を連続していくことになる。これに対して，後者の買宿制度を採用した呉服商は，買宿と専属的契約ではなかったので，十分に買宿を管理することができず，仕入面で競争力をつけることができなかった。そのため，これらの呉服商は，衰退していく。
（15）藤岡町史編纂委員会編（1957），pp. 754-755。
（16）都市呉服商と契約を取り結ぶ買宿の中には，特定の呉服商と契約を結ぶのではなく複数の呉服商と契約を交わすものもあり，都市呉服商に専属的とは限らない未完成な買宿も含まれる。
（17）都留市史編纂委員会編（1994），p. 487。
（18）以上で考察したように，越後屋の買宿制度に追随し，一定の成果を収めた大丸屋，いとう松坂屋，白木屋は，近代的経営につらなっていく。

付表　明治時代の主要呉服店

呉服店	所在地
つちや	日本橋区本町二丁目
田原屋	日本橋区長谷川町
大丸屋	日本橋区通旅篭町
三越呉服店	日本橋区駿河町
白木屋呉服店	日本橋区通一町目
いとう松坂屋	下谷区上野広小路
かづさや久兵衛	日本橋区本石町二丁目
上総屋	京橋区元数寄屋町二丁目
松屋呉服店	新橋竹川町
小川同店	日本橋区人形町通堺町

※網掛け部分は買宿制度を採用。
(出所)「商人名家　東京買物独案内」(花咲編 (1972))、および藤岡町史編纂委員会編 (1957)、pp. 754-755 より作成。

第7章 幕藩体制を前提にした流通機構の併用

——呉服商間の協調行動——

【菱垣新綿番船川口出帆之図】菱垣廻船は，幕藩体制下における大坂から江戸へ生活物資を運搬するための物流の大動脈であった。

（資料）　大阪城天守閣蔵。

第1節　呉服商の仲間・株仲間

　越後屋は買宿制度(かいやどせいど)を全国展開することで，大規模呉服小売商としての地位を築いていった。そうした中で，江戸幕府の商業政策を前提にした仲間や株仲間組織が本格的に形成されるようになると，長期的営業のためには，それらの公的流通機構を通じて仕入活動を行うことも重要視されるようになってきた[1]。そこで越後屋は確立した地位を維持するために，買宿からの仕入れに重点を置きながらも仲間・株仲間組織からも調達することで商品の潤沢な供給を確保していった。商家別の加入株仲間名（天保期1830-1844年以前）は，表7-1に示されるとおりである。これによると越後屋では，呉服，木綿，真綿，繰綿の株仲間に加入していて，呉服問屋として活動することで，仕入量を確保していることが指摘できる。それとともに新興呉服商も株仲間に加入して活動している

表7-1　呉服関係の株仲間加入状況（天保期（1830-1843年）以前）

店名	株仲間加入状況
蛭子屋八郎左衛門	呉服，木綿，真綿，繰綿，下り蝋燭，麻苧，蕨縄，下り傘，生布海苔屑苆（休株）
白木屋彦太郎	呉服，木綿，真綿，繰綿，小間物，下り蝋燭，古手
柏屋孫左衛門	呉服，木綿，小間物，雪駄，下り蝋燭，真綿（休株），繰綿（休株）
大黒屋三郎兵衛	呉服，木綿，真綿，小間物，下り蝋燭，繰綿（休株）
大丸屋正右衛門	呉服，木綿，真綿，繰綿，下り蝋燭
伊豆蔵屋吉右衛門	呉服，木綿，真綿，下り蝋燭，繰綿（休株）
越後屋八郎兵衛	呉服，木綿，真綿，繰綿
升屋九右衛門	呉服，木綿，真綿，繰綿
大黒屋吉右衛門	呉服，木綿，下り蝋燭，真綿（休株），繰綿（休株）
近江屋伝兵衛	木綿

（出所）　林（2000），p. 229。

第1節　呉服商の仲間・株仲間　149

表7-2　呉服商の仲間・株仲間の一例

白子組 (江戸木綿問屋仲間)	白木屋彦太郎，竹川彦左衛門，柏屋孫左衛門，大黒屋三郎兵衛，大和屋四郎右衛門，伊豆蔵吉右衛門，越後屋八郎右衛門，戎屋八郎左衛門，亀屋七左衛門，大丸屋正右衛門（以上，壱番組）；結城屋源右衛門，舛屋太兵衛，岸辺屋藤右衛門（以上，弐番組）（宝暦13（1763）年）
呉服五番組	槌屋幸助，加賀屋五郎左衛門，荒木伊兵衛，松坂屋八助，いせ屋伊兵衛，白木屋彦太郎，亀屋七左衛門，伊豆屋仲助，大丸屋正左衛門，沢の井，越後屋八郎右衛門，布袋屋善右衛門，蛭子屋八郎左衛門，桝屋九左衛門，鳩屋市郎左衛門（寛政6（1794）年）
京都二十軒組	大文字屋正太郎（東洞院御池上ル町），大丸屋平吉（東洞院御池上ル町），越後屋八郎右衛門（室町二条上ル町），松坂屋八助（中立売小川東入），白木屋彦太郎（堺町二条上ル町），白木屋清三郎（堺町二条上ル町），枡屋九右衛門（四条新町東入町），升屋熊五郎（西洞院丸太町下ル町），蛭子屋八良左衛門（衣棚御池下ル町），綿屋勇蔵（東洞院御池下ル町），大黒屋三郎兵衛（三条柳馬場東入町），伊豆蔵屋吉左衛門（室町御池下ル町），柏屋孫左衛門（問屋町五条下ル三丁目），田原屋庄左衛門（新町夷川上ル町），槌屋藤左衛門（新町蛸薬師下ル町），奈良屋嘉右衛門（新町三条上ル町），小橋屋利助（三条高倉東入町），槌屋四郎左衛門（柳馬場三条上ル町），伊藤屋次良左衛門（新町六角下ル町），伊勢屋お佐ゑ（室町丸太町上ル町）（嘉永7（1854）年）

（出所）　大丸二百五十年史編集委員会編（1967a），第3巻，p. 78，京都府立史料館所蔵史料，下村家文書，史料番号8，および加藤善三郎編『鶴齢記』，p. 34 より作成。

ことがうかがえる。

　次に，呉服商の仲間・株仲間への加入状況を表7-2に一例として紹介する。これによると，白子組，呉服五番組，京都二十軒組のいずれにおいても越後屋八郎右衛門の記載があり，越後屋が仲間・株仲間としても活動していることが見て取れるだろう。

　しかし越後屋を始めとする呉服商が仲間・株仲間経路を維持していくことは容易ではなく，直買制度に対する産地からの抵抗，仲間・株仲間に加入しない生産者・商人の取引の拡大による権益の侵害という問題に直面した。これらの問題ついて，次に検討していくことにしよう。

第2節　直買制度の構築・維持

　呉服商が仲間・株仲間組織を利用した産地取引においては，直買制度を維持することは困難を伴い，産地商人からの抵抗に直面した。呉服商が，産地商人からの抵抗に対して，どのように対応したのかについて，白子組と大伝馬町問屋仲間の対立関係，京都二十軒組と江州布問屋の軋轢から考察していくことにしよう。

1. 白子組と大伝馬町木綿問屋仲間の対立関係

　宝暦4（1754）年，越後屋を始めとして呉服商の加入する十組太物問屋仲間である白子組と，大伝馬町木綿問屋仲間との間で仕入れをめぐって摩擦が生じる。
　次に示す史料は，大伝馬町組の訴状である。

連判証文写[2]

大伝馬町壱丁目太物問屋七左衛門作十郎外四拾六人井同町地主共弐拾壱人之者共先達而御願申上候者古来より木綿問屋仕り大伝馬町壱丁目何れも住宅致罷在右町内之外木綿問屋と申ハ無御座諸国より私共方江斗木綿荷物送リ遣候所近年外商売之者共江少々宛直売仕候者段々相募リ自然と問屋之様に相成国々江直買ニ罷越前金等遣シ又者直買ニも買取候故送リ荷物自然と不足致問屋之法式相乱申候故木綿茂高直ニ罷成私とも商売ニ相障り難義仕候ニ付町々者共方江此以後直買不仕候様ニ被仰付被下置候様ニ仕度尤私共町内問屋株之者当時減少仕り明キ店も多御座候ヘハ他町ニ罷在候同商売之者ニも私共町内江引越仲ケ間入社度相望候ハ，何ニ人ニ而茂仲ケ間へ差加申度段御願申上同所地主願上候は町内ニ木綿問屋古来より七拾四軒有之壱丁目之内ニ集リ罷在外商売之者共者一切無御座候処近年木綿問屋不繁昌ニ付

段々減少仕当時ハ四拾八軒ニ罷成外ハ明店明キ蔵ニ罷成候，当町之義者先々より御伝馬役相勤近年者別而御役も相増候処明キ店多ク地代店賃等減少仕此通り御座候而ハ末々御伝馬役も相勤兼可申　難義仕候ニ付問屋共一同ニ奉願候段申上候ニ付被逐御吟味候処問屋共義ハ寛永年中より凡百廿年余代々木綿問屋仕諸国へ直仕入致荷物引請大伝馬町壱丁目ニ何れも集罷在外町者木綿問屋無御座候付万治年中木綿丈尺御吟味之節御役人中大伝馬町壱丁目へ御出御吟味を請其節之町御奉行村越長門守殿神尾備前守殿御番所江被召呼被仰渡候趣并願書等之書写且又右被仰出候趣国々買問屋方へ遣し候返事等数通今以所持致罷在御吟味之節書付等奉入御覧候，依之古来より大伝馬町壱丁目木綿問屋之名前帳面町内年寄方江差出置申候，卅三歳以前丑ノ年大岡越前守殿御懸りニて諸問屋御吟味有之候節も問屋名前帳面差上古帳面引替申其節諸向より問屋名前之帳面差上候由及承罷在其後八年以前午ノ年町年寄より申渡候趣諸問屋ノ帳面難極其上商売躰数々ニ而御入用無之品も御座候ニ付此度拾五品商売躰斗ニて帳面ニ相極り候間本問屋と申斗ニ而茂無之少々諸国在々より商売物取寄候者共ハ其訳書出し候様ニ尤前々差出し候名前帳面等ハ自今不相用其節改メ候拾五品之商売躰帳面壱通リニ相成候段町年寄より申渡有之右拾五品商売躰之内ニ木綿商売も加り有之候ニ付其節改而午年ニ名前帳面御番所へ引替差上ケ町年寄へも差出置申候（後略）

このように，寛永期（1624-1644年）より続いている大伝馬町木綿問屋仲間は，白子組の直買について始めは少量で大伝馬町木綿問屋仲間の権益は侵害されなかったが，白子組が財力にまかせて，生産地に前渡金を渡して入り込んだために，木綿の値段が高くなり大伝馬町木綿問屋仲間の権益が侵害されるようになったことについて町奉行所に訴えた。これに対して，呉服商は白子組として仲間として抵抗する。宝暦13（1763）年の史料を次に示す。

十組仲間控[3]

一，十組太物問屋中間白子組之儀往古より組合相定諸国より織出し候木綿聊茂無
　　差障り銘々其利潤を考取寄商売致問屋職仕来り申候　全神仏加護与難有奉存候

然ル所宝暦四年末七月廿八日大伝馬町木綿問屋共当仲間之儀日ニ増繁栄致候を相羨理不尽に趣談を企其時能勢肥後守様御勤役之節御願申上木綿問屋と申ハ余町に無之古来より伝馬町に限り商売仕候其町之由緒等書顕シ御願申上候ニ付此旨当仲間江御尋ニ付銘々家業之義古記共相改古来之由緒一々詳ニ御答奉申上段々御吟味罷成其節能勢様御役替被為成御裁許相済不申其後依田和泉守御勤役ニ被為成末ノ年より三ケ年之内及出入候処酉ノ十二月六日ニ右御奉行様より御裁許被為御付当仲間往古より数軒之仲間ニ候得共其中ニハ此度之儀ニ付手抜り之方有之問屋職被差留正敷由緒被為御撰十八人組江被仰付難有奉存候　依之往古法式茂雖有之ト今般如斯揉合等相済候義ニ付改之十八人組ゟ相記申候，尤其節出入一巻之帳面別ニ有之候間略爰ニ則法式左之ケ條相記候条毎年八月参会之節は此帳面致持参候而逐件行司より為致自得猶々仲間繁栄其経営を大切ニ相勤可申條々

このように，白子組はこれまで組合を定め支障なく木綿の問屋職を営んできていて，直買は今まで行ってきた形態であるとして，新しく開拓した直買という形態を守り維持するために訴訟で戦った。訴訟の結果今までの呉服商の直買は認めるが，これ以上直買の拡大を図らないようにという形で納まっている。これには直買の手段が前渡金であるので，それを頼りにしている産地の生産者や商人を保護するには，前渡金がなくなることを避けたいという配慮もあったと考えられる。いずれにしてもこの史料から，呉服商の直買に関して大伝馬町木綿問屋仲間から強い反発があり，この反発をはね返す形で，呉服商間で連携して直買という制度を維持することで，仕入量を確保しようとしたことがうかがえる。このようにして，白子組と大伝馬町木綿問屋仲間の間の攻防は，収束に向かっていった。

2. 京都二十軒組と江州布問屋の対立関係

江州では，越後屋を始めとする京都二十軒組が行ってきた江州布の直買制度

第2節　直買制度の構築・維持　153

に対し，江州布問屋から直買をやめるように申し出がある。これに対して嘉永7（1854）年，京都二十軒組は次のような一札を奉行所に提出している。

乍恐口上書⁽⁴⁾

一，御当地江州布問屋，此度以前之通御再興被仰付候段承知仕候，然ル所 私共廿軒之者ハ，前〻ゟ右問屋ニ不拘，弐拾軒組与相唱，江州織元より直買仕，江戸表其外国〻 私共出店江差下シ相続仕来り，尤宝暦十三未年五月，布入用之者，右問屋ニ而買受，直買仕間敷旨，御触流御座候節も， 私共弐拾軒組之者共ゟ御願奉申上，前〻仕来通り，直買仕相続仕来り，猶又文化十三子年十一月，右同様御触流御座候節も， 私共儀前〻仕来通，直買仕度，尤 私共儀御当地ニ而商ひハ一切不仕，織元江直〻注文申遣シ，江戸表其外国〻出店江差遣し，中ニハ当地江取寄差下し候向も御座候ニ付，其段御願奉申上候処，右問屋之者共ゟ申上候ハ，織元ゟ出店ヘ差遣候儀者差支不申候得共，御当地江取寄候分紛敷無之様，為差登方勘弁仕候様申上 候ニ付，一同申談，織元ゟ 私共方江差登セ候荷物之分ハ木札ヲ付差登セ候様，堅申合置候様可仕旨申上，右木札雛形奉入御高覧候所，右様ニ仕候半ヽ，於問屋ニも差支無之旨申上候ニ付，右之趣ニ相心得，紛敷義等仕間敷旨被仰渡，右以来 私共儀仕来り通，相守直買仕，連綿相続仕来り候段，難有奉存候，依之以来迚茂是迄仕来通り直買仕度，尤是迄相用ひ候，木札江此度寅改与相記申度，乍恐此段奉願上候，且又布問屋ゟも以前之仕来通取斗呉候様， 私共方江申聞候儀ニ御座候間，何卒右之趣御聞届被成下候半ヽ，難有可奉存候，以上

　　　　　　　　　　　　　東洞院御池上ル町　　大文字屋正太郎　（印）
　　　　　　　　　　　　　同町　　　　　　　　大丸屋平吉　　　（印）
　　　　　　　　　　　　　室町二条上ル町　　　越後屋八郎右衛門（印）
　　　　　　　　　　　　　中立売小川東入町　　松坂屋八助　　　（印）
　　　　　　　　　　　　　堺町二条上ル町　　　白木屋彦太郎　　（印）
　　　　　　　　　　　　　同町　　　　　　　　白木屋清三郎　　（印）
　　　　　　　　　　　　　　　　　　　　　　　他十四名

第7章 幕藩体制を前提にした流通機構の併用

　　　　　　　　　　　　　右弐拾軒惣代
嘉永七寅年　　　　　　越後屋八郎右衛門　代　藤次郎（印）
　　五月　　　　　　　大文字屋正太郎　　代　勘兵衛（印）
　　　　　　　　　　　白木屋彦太郎　　　代　孫兵衛（印）
御奉行様

　これは京都二十軒組の直買存続の願書である。江州布問屋が再興された時も，京都二十軒組は従来通り直買し，織元から江戸，出店へ直接に発送してきた。また宝暦13（1763）年，文化13（1816）年など直買禁止の御触が流布された時も，その都度申し出て今まで通り直買をしてきた。それゆえに今回も，京都二十軒組としては直買制度維持の条件を守るので，直買を継続したいことを主張している。その条件とは，織元へ直接注文を出し，織元より江戸その他の出店へ送るようにすること，京都へ取り寄せた荷物に関しては，木札を付けて発送することである。このような条件を守るので，江州布問屋にも差支えないとしている。そのようにして，これまで作り上げた仕入経路を守るために京都二十軒組として連携することで江州布問屋に対抗し，直買制度を維持しようとしたのである。
　次の史料も，京都二十軒組が，奉行所へ江州布の直買制度の維持を願い出たものである。

　　　　　　　　　　　　乍恐口上書(5)
一，富小路子三条上ル町近江屋彦三郎ヨリ，彦根様御領分水損場村方ヨリ御年貢ニ相納候御蔵布，彦三郎方ニテ目印仕候上，私共へ相渡度旨奉願上候ニ付，私共指支無之御尋被成下候ニ付，右様ニ相成候テハ，甚夕以テ指支候ニ付，其段以書付御答奉申上候処，尚又彦三郎ヨリモ御答書奉指上候ニ付，御読聞被成下奉恐入候，然ル処，此度彦三郎申立ニハ，布類織立ノ上取扱ノ者ニテ彦根蔵元改ト申改朱印相　候上，夫〻問屋仲間共へ売渡，夫ヨリ私共へ売渡ニ相成候儀ニテ，御年貢ノ品ニ相違無之旨奉申上，右如何之御主法ニ相改り候哉ト不存候得

共，私共儀ハ往古ヨリ彼地問屋ヨリ年来買取成，尤モ私共ヘハ生布其儘ニテ買取リ，野州晒屋方ヘ遣シ，晒上張仕立ノ上ニテハ大切ニ取扱ヒ纔ノ一反ニテモ手ヲ入候ハバ，夫レ丈ノ禄モ目立直段ノ指障リニ相成，彦三郎ヨリ改請候儀ハ何共迷惑仕候，勿論嶋類ノ儀モ前書ノ通リ同様ニテ手数入候儀，至テ相嫌ヒ肥前直段ノ闇ニモ相成可申儀ニテ，実以テ難渋仕，且又，彦三郎ヨリ右布類私共弐拾軒組ヘ売渡候分，聊ノ品数ニ御座候得共，是迄間ニハ不行届ノ儀モ可有之由ニ申立候得共，私共儀ハ年来多分品買取罷在候得共，右ハ彼地問屋并ニ仲買ノ者共ヨリ買取ノ上，晒入差遣シ晒上ケ出来ノ上，弐拾軒組ノ取締リノ木札ヲ付，御当地ヘ取寄セ候儀ニテ，聊不行届ノ儀ハ無御座候ニ付，何卒以御慈悲是迄仕来リ通リ，私共彼地問屋者共ヨリ買取ノ品他ノ手ヲ越シ不申直ニ取寄候様ニ，此段幾重ニモ奉願上候，右ノ趣御聞届被成下候ハバ，一統渡世相続仕，如何計リ難有仕合ニ可奉存候，以上

　　　　　　　　　　　　　　　　　廿軒組惣代
　　　　　　　　　　　　　　　　　　　大文字屋正太郎
　　　　　　　　　　　　　　　　　　　　　代忠兵衛（印）
　　　安政四巳年　　　　　　　　　　　　越後屋八郎右衛門
　　　　　壬五月二日　　　　　　　　　　　　代常次郎（印）
　　　　　　　　　　　　　　　　　　　白木屋彦太郎
　　　　　　　　　　　　　　　　　　　　　代孫兵衛（印）
　　　　　　　　　　　　　　　　　　　大黒屋三郎兵衛
　　　　　　　　　　　　　　　　　　　　　代長兵衛（印）

　御奉行様

　ここで近江屋彦三郎は年貢で納められた蔵布を彦根蔵元と改め朱印し，それを京都二十軒組に売渡そうとしていることに対して，京都二十軒組は連携して反発している。その蔵布を売捌くようになると，近江屋彦三郎の受け取るマージンは増加し，それをてこにしてより多くの商品を買集めることができるようになる。近江屋彦三郎の力が大きくなると，江州布を調達している京都二十軒

組としては，その経路を通じて購入せざるをえなくなり，そのようになると仕入価格が高騰するばかりでなく直買制度の維持が困難になるからである。そのため京都二十軒組は直買を維持しようと努力している。

これまで考察した呉服商の直買制度について，次の点は強調しても強調しすぎることはない。それは従来通りの直買ができなくなることに対して，呉服商間で連携して強硬に抵抗を示していることである。すなわち仲間・株仲間組織による直買は，商品の量，種類を確保するための有力な仕入形態であるので，呉服商が新たに獲得した取引相手との関係を維持するために，産地商人と紛争になっても団結し，その都度抵抗して守っている。これは呉服商の行った直買制度を固定化させることによって，仕入量を確保しようとしたためである。このようにして，産地との対立関係を緩和させ仕入量を確保していったのである。

第3節　江戸呉服問屋と甲州買継仲間の正規の流通機構の構築・維持

幕藩体制下における正規の流通機構は，呉服商が江戸呉服問屋等の株仲間に加入して正規の流通機構を前提とした仕入活動を行い，そのうえで特定の産地と長期継続的取引関係を構築するために，幕藩体制を前提にした産地の株仲間組織や消費地の株仲間組織を通じて仕入活動を行うことである。

さて江戸呉服問屋では，甲州郡内において，正規の流通機構を通さないで江戸に商品を販売する生産者や商人が存在するということで被害にあっていた。こうした被害を拡大させないために，江戸呉服問屋は仲間として呉服商間で連携を図っていくこととともに，甲州買継仲間とも連携していった。この内容については，江戸呉服問屋と甲州買継仲間との往復書簡によって，両者の取引関係の実態をうかがうことができる。次にそのやりとりについてみていこう。安政3（1856）年2月，江戸呉服問屋は甲州買継仲間へ，独占的仕入権を維持するために次の一札を差し入れている。

第3節　江戸呉服問屋と甲州買継仲間の正規の流通機構の構築・維持　157

一筆啓上仕候，追々暖気に相成候処，皆様弥御壮栄に御座せられ，珍重御儀と存じ奉り候，随而当方下店無恙罷仕候間，乍憚御安意下さるべく候，然ば御地産物呉服屋取扱の品，去る亥年拾弐月中，素人直売不相成，其筋問屋へ相払候様被仰出候後，御府内問屋共方にて相調直売無是様取締仕るべきの処，去る天保廿年後，国方御仲間も規足相崩れ，御府内小前呉服屋素人へも御売捌も有之由承知仕候，是迄は見合罷仕候得共，追々品高値に成行，其上直売の様有之候而は，仰出されの□□□□御旨意不相協，仲間一同恐入候間，以来御府内入津の分は呉服問屋改所へ一般に着荷の上，夫々仲間方へ配荷の仕法取極候間，当仲間は勿論仮組へ送り荷の分とも本石町三丁目呉服問屋改所へ送状を以差立くださるべく候，問屋外に壱反たり共取引仕候分は夫々御□合仕候間，御国元にて取扱候向々へ急速御達くだされ，是迄御仲間に無之共，相当の者は御仲間に御従なされ候とも，下組仮組になされ候とも，御仲間にて聡而御取締今般仕法御引合の趣相守候様，御取極御連名御清御壱翰草々御差越くださるべく，且亦，文化度以来，口銭等の内熟談も御座候へども，文化以来の商法になじまず，諸品下落実直に渡世を営候様，御仰出問屋再興相成候えば，口銭とうの再熟談取用候間，此段兼々御承知くだされ，草々御出府商法熟談可致，右得御意度如斯に御座候，恐惶謹言，

　　　　　　　　　　　　　　　　　　　　呉服問屋行事
　　　　　　　　　　　　　　　　　二月九日
　　　　　　　　　　　　　　　　　　　　　松坂屋利兵衛
　　　　　　　　　　　　　　　　　　　　　布袋屋善右衛門
　問屋各位
　　尚々江戸代買御一同江不洩様御□達下されたく[6]

　これは，江戸呉服問屋に所属している仲間たちの利権をまもるために甲州買継仲間へしたためた文書であり，株仲間に加入しない産地の小規模な生産者や商人が直接，江戸で直売することを戒めている。ここで正規の流通機構とは，「御府内入津の分は呉服問屋改所へ一般に着荷の上，夫々仲間方へ配荷の仕法取極候間」とあり，江戸呉服問屋を通すことである。これに対して，アウトサ

イダーとは,「素人直売」,「御府内小前呉服屋素人へも御売捌」とあり,甲州郡内において株仲間に加入しないで取引をして,江戸に商品を送るような生産者や商人のことである。江戸呉服問屋はこれまではアウトサイダーを放置してきたが,今後はこれらの違反取引を防ぐため,府内入津の荷物は呉服問屋改所に着荷し,そこから問屋仲間へ配荷し,問屋仲間は下組仮組へ送り荷分とも改所へ送り状を差し出すことで,正規の流通機構を乱す産地の生産者や商人を取り締まるよう,江戸呉服仲間として連携して甲州買継仲間へ依頼している。アウトサイダーを取り締まることによって,取引を正常化させ江戸の荷物を独占的に確保しようとしたのである。すなわち,既存の流通機構を前提として買宿制度という革新的行動を起こした呉服商にとっては,その革新性を維持していくためには,正規の流通機構を乱すものは,排除の対象となったのである。

　この返答書として,甲州買継仲間は,江戸呉服問屋へ次に掲げる一札を入れている。

乍憚口上書ヲ以申上候[7]

一　当郡産物織物御府内売買之儀者,荷物不残十組会所江差出御改請,其上夫〻之御店江持参,抜売内証売等無之様可取斗,将又当郡商人共儀,是迄御府内御店〻江買次以多し来候もの共,亦者右渡世以後相始候者も,仮組・別組共相唱,仲間江差加,右名前書御会所江差出置,猥之儀無之様取極可申段被仰之趣逸〻承知仕,当郡商人共之儀者,銘〻手堅連印取揃罷在候間,以来抜売等之儀者,当地においてニ大概制方行届可申,就而者御府内御店〻振合,当地産物取扱之商人ニ不拘,他国他領共一円御取引有之事ニ付,此上他国他領之者入込,産物仕入勝手儘ニ御府内江売捌候儀も可有之,左候得者,当郡商人而已御組御沙汰之通相守候而茂,他国他領商人共之堂免ニ取極ヲ被相崩,迚茂取締行届間敷,左候得者折角相立候仕法反故ニ相成,如何共歎鋪存候間,右次第深く御推考被成下,以来当郡産物者,当郡商人名前書差上置候者之外,御取引無之様被成下,御店〻様ニ於いて,以来抜買之儀無之様御制方奉願度,然ル上者当地取定之儀者,決而違失無之,且御用向之儀者,万一御差支も候而者不相済候間,御府内出掛リ商人共,

御店、御出入有無ニ不拘、宿元江御沙汰次第御品物等者、銘々手操仕、御用向聊差支無之様可仕候間、前書之趣旨厚御勘考之上、私共永続仕候様、挙而奉願候、以上、

　　　　　　　　　　　　　　　　　　甲州郡内
　　　　　　　　　　　　　　　　　　　産物買継仲間
　　　　　　　　　　　　　　　　　　　　銅屋与次右衛門
　　　　　　　　　　　　　　　　　　　　　他二十八名
　　　　　　　　　　　　　　　　右惣代
　　安政三辰年三月　　　　　　　　銅屋与次右衛門　（印）
　　　　　　　　　　　　　　　　　島屋利八　　　　（印）
　　　　　　　　　　　　　　　　　小泉斧兵衛　　　（印）
　　　　　　　　　　　　　　　　　柏木弥兵衛　　　（印）

江戸呉服問屋
　　御行事
　　　松坂屋利兵衛様
　　　布袋屋善右衛門様

　この文書では、「当郡産物織物御府内売買之儀者、荷物不残十組会所江差出御改請」と、甲州買継仲間が江戸呉服問屋から要望のあった、甲州郡内においてアウトサイダーを取り締まることを受け入れている。それとともに注目すべきは、「当地産物取扱之商人ニ不拘、他国他領共一円御取引有之事ニ付、此上他国他領之者入込、産物仕入勝儘ニ御府内江売捌候儀も可有之」とあり、甲州買継仲間から江戸呉服問屋へ正規の流通機構の構築・維持にあたって、甲州の生産者からの独占的販売権を維持するための申し入れをしていることである。具体的には甲州買継仲間を経由しないで江戸へ販売する生産者や商人、第三国経由の販売があるので、それを防ぐことを江戸呉服問屋に要望している。これらのアウトサイダーを取り締まることによって、甲州買継仲間は甲州の生産者の織物類を独占的に確保しようとしたのである。

このように，正規の流通機構のもとで江戸呉服問屋へ加入した呉服商や甲州買継仲間は，その流通機構の構築・維持にあたって，お互いにアウトサイダーの排除を申し入れていて，それによる利益の確保を優先した。そして江戸呉服問屋と甲州買継仲間が，アウトサイダーによる取引の拡大という懸念を共有し，緊密に相互連携の維持を図っていったことは，資金的に余裕がなく株仲間に加入できない産地の生産者や商人の側からの革新の阻害要因となっていたのである。

以上の検討からわかるように，越後屋を始めとする呉服商は，仕入れの恒常的な安定を図るために，呉服の同業者の加入する仲間・株仲間経路からも調達していったのである。すなわち，第6章でみたように，呉服商間競争を繰り広げる一方で，呉服商間で協調行動をとることで呉服商として築き上げてきた地位を保持しようと活動していったのである。そして，商家経営を大規模化するためには，これまでみたような買宿経路を主軸としながらも，仲間・株仲間経路といった公的流通機構も活用することで，継続的に商品を調達する流通取引制度を構築していったのである。ただし先に述べたように，買宿制度は商品を品質吟味したうえで仕入れることができたため，品質面での向上につながっていった。他方で，仲間・株仲間組織から送られてくる呉服には割り当てがあったため，必ずしも越後屋の望む商品ではなく品質面で見劣りがした。したがって，仲間・株仲間による共同仕入れは取扱量の増大には結びついたが，取り揃えにはならなかったと言えるだろう。

(1)　なお，大坂では1660～70年代に多数の仲間が公許され，江戸においても1694年に十組問屋仲間の成立をみる。仲間組織は人数制限や営業の独占権もなく，上方では1760～70年代，江戸では1800～20年代に諸仲間が株仲間となり，営業独占が認められるようになってきた（石井（2003），p. 69）。いずれにしても，江戸幕府の幕藩体制を前提とした取引である。
(2)　大丸二百五十年史編集委員会編（1967a），第3巻，pp. 78-79。
(3)　大丸二百五十年史編集委員会編（1967a），第3巻，pp. 74-75。
(4)　京都府立史料館所蔵史料　下村家文書　史料番号8。
(5)　大丸二百五十年史編集委員会編（1967a），第3巻，p. 30。
(6)　上野松坂屋200年史編集委員会編（1968），pp. 20-21。

（7） 鈴木威家文書。鈴木威家文書については，山梨県都留市上谷新町のご自宅にて，資料を拝見させて戴いた。鈴木家は，江戸時代に「銅屋」という屋号で，郡内織物問屋を営んでいた。その当時の資料は，当家の家屋に保存・保管されている。これら現存の各種古文書より，銅屋は，銅屋與次右衛門として甲州郡内産物買継仲間に所属していること，越後屋，いとう松坂屋，白木屋が加入する江戸呉服問屋と株仲間を通じた取引関係があることとその内容が明らかとなる。

第8章 大黒屋の仕入機構

【上州の絹市】上州の絹市の賑わいを知ることができる。

（資料）「諸国道中商人鑑」三井文庫蔵。

第1節　大黒屋の仕入機構

　市場拡大に伴う仕入量確保の問題は，越後屋ばかりではなくその他の都市呉服商においても同様の問題を抱えていた。この仕入問題を克服しなければ，呉服商として，大規模経営を実現し維持することは困難であった。ここに，消費地問屋から脱皮し，新しい仕入れのあり方を求めての模索が始まる。本章では，大黒屋を始めとして，直営で産地進出した都市呉服商の仕入れに関する問題解決に向けた取り組みと成果について，検討していく。

　まず，大黒屋の産地進出について，考察することにしよう[1]。大黒屋は，伊勢国射和村の出身であり，文禄元（1592）年に江戸本町1丁目へ呉服店(ごふくだな)を開業している。その後，寛文3（1663）年，江戸本町2丁目，寛文4（1664）年，京都室町，元禄12（1699）年，大坂高麗橋1丁目店，宝永6（1709）年，大坂高麗橋2丁目へと積極的に呉服店を出店し多店舗展開を遂げた。多店舗展開に合わせて，販売量に見合う仕入量を確保する必要が生じた。従来，大黒屋は，図8-1に示すように，京都西陣の問屋に仕入れを委ねていた。しかし，量的確保の限界から，既存の取引慣行を打破して仕入革新を起こし，元禄元（1688）年

図8-1　大黒屋の従来の仕入機構

京都西陣の問屋　→　大黒屋

図8-2　大黒屋の新しい仕入機構

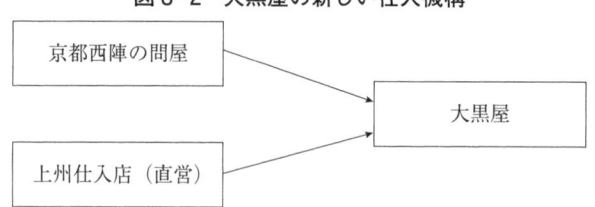

京都西陣の問屋　→　大黒屋
上州仕入店（直営）　→　大黒屋

頃，図8-2に示すように，越後屋に先行して上州仕入店を設置した。しかしながら越後屋と異質であったのは，買宿(かいやど)のような地元の商人との共同革新ではなく直営の流通取引制度で，単独での革新であったことである。

この上州仕入店での経営状態は，質利が，元禄元（1688）年166両900文，元禄4（1691）年143両514文，元禄7（1694）年189両600文，元禄8（1695）年176両900文であった。これに対して，絹利は，元禄元（1688）年23両3歩1朱100文，元禄4（1691）年23両3歩872文，元禄7（1694）年50両1歩951文であった[2]。これらのことから，上州仕入店での利益の大半は質貸しで上げていて，絹物仕入れの利益がいかに少額であるかが理解されよう。このように，産地に仕入店を設けていながらも即座に大量の集荷ができなかったのは，産地進出を直営で行ったため，大黒屋の担当者を派遣して仕入活動を行なわざるをえなかったことを反映するものであった。直営で新規参入したために，その地域の事情に精通した人材，地縁・血縁による取引習慣ができにくく，商品の集荷が困難をきたしたと考えられる。結果的に，仕入店とは名ばかりで，地元の地縁・血縁を利用できないことが地域の流通機構に参入できず，大量仕入れするには至らなかったと言えよう。ここに，直営で産地進出する方法は，限界のあることが指摘できる。

第2節　大黒屋の直営仕入店

図8-3は，大黒屋の総資産推移を示したものである。これによると，総資産は，享保期（1716-1736年）より減少傾向を示していて，その経営は順調な発展を遂げていないことが読み取れる。諸店からの赤字補填のため特別に弐百〆余が計上され，大黒屋の不振が上州仕入店から始まっていることから[3]，経営の足かせになっていると言えよう。

大黒屋では，この業績不振の原因の1つとして遠隔地の出店における管理の難しさにあると考え，それを克服するために元方役という制度の導入を試みた

166　第8章　大黒屋の仕入機構

図8-3　大黒屋の総資産推移

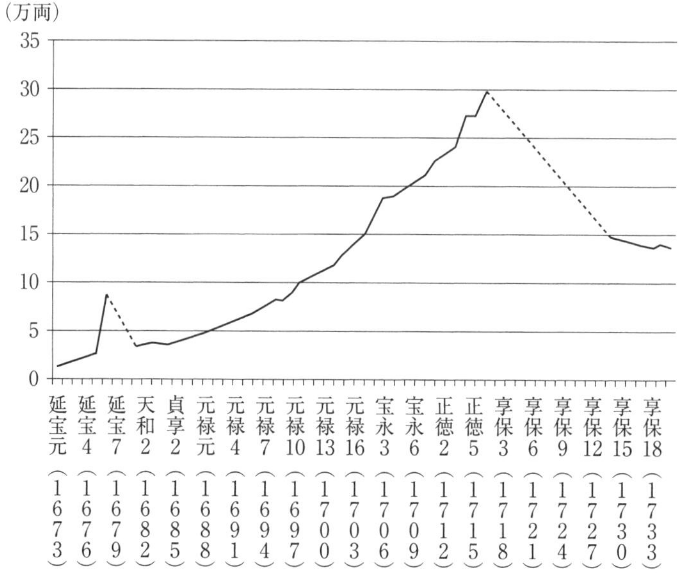

（万両）

（出所）吉永（1962），p.61より作成。

と推察される。そして支配人の下に元方役を置き，より管理体制を強化していったのである。ここで元方役とは，「座席之事主人と同間之格ニ出座可致候，并ニ衣類絹紬勝手ニ着可致候事」[4]とあり，主人と同格の地位にあることがわかる。また，「元方役毎日壱人ツヽ店江相詰可申候，私宅ニ而朝飯給候而昼時迄ニ出勤日之内相詰，暮後ニ帰宅可致候，無拠用事有之候ハヽ，次番へ引渡帰り可申候事」[5]とあり，元方役は諸店へ1人ずつ詰めること，「江戸へ往来之儀元方役三人之者壱人宛一ケ年ニ壱度ツヽ替リ替リ罷下，万事詮儀示合江戸表用事仕廻候而上州店へも罷越，万端詮儀之上帰京可申候事」[6]とあり，元方役3人のうち1人が，1年に1度，主人に代って江戸店，上州仕入店といった出店の経営内容を点検する役割が付されて，管理が強化されていることがうかがわれる。

　しかしながら，図8-3にもあるように，そのような管理手法を導入しても，

総資産の減少傾向は続き,改善への糸口をつかめなかったことは注目されよう。その原因として2点が指摘できる。第1に,上州仕入店の最大の問題は,享保期(1716-1736年)になっても,直営ゆえに大黒屋の奉公人が,富岡,渡ル瀬,八幡山,高崎といった絹市に出向いて絹物を買付けており[7],地縁・血縁による取引の集荷ができなかったことである。そのため大黒屋の奉公人による対応となり,産地特性に合わせたきめ細かい商品の購入方法が構築できなかったのであろう。第2に,直営店経営の費用も要するうえ,上州仕入店での粗悪品を購入する危険負担をしなければならなかったことである。直営であったため損失を被った場合,本店の利益にそのまま響いてくるものとなった。これに対して,越後屋の場合,後述するように,粗悪品を仕入れた時には,買宿の仕入担当者の責任となり,越後屋の損害とならなかったことである。

　これらの理由から,大黒屋の直営仕入れという商家単独での仕入革新は,費用に見合う収益が上がらず,革新が継続しなかった。その結果,大黒屋の呉服店では,上州絹を十分に取り扱えず,西陣物を中心に取り扱っていたため,景気の後退期に対応できなかったと考えられる。

　このように,早期に産地進出を果たしながら上州での仕入面の失敗のため,従来の京都西陣の問屋の仕入れから脱却することができなかった大黒屋は,販売面と仕入面の量的・質的齟齬を克服できず,文化5(1808)年,廃業を余儀なくされる。

第3節　都市呉服商の直営仕入店

　新興の産地に直営で進出したのは大黒屋ばかりではなく,同様の動きが都市呉服商の中にもみられ,それについて考察していくことにしよう。

　次に示す史料は,宝永2(1705)年,岡野屋,越前屋,八幡屋が甲州郡内に買付機関を設置するよう試みていることを示している。

　　　　　　　　　　　　覚(8)

一　銀千五百枚
右ハ郡内絹買所，壱ヶ年ニ為運上と毎年差上可申候，尤何ヶ年ニても御請負之内ハ，
右之銀高指上，御請負仕候様ニ奉願候，以上
　　　宝永弐年酉七月　　　　　　南鑓屋町　　　岡野屋又三郎　　（印）
　　　　　　　　　　　　　　　　南鍛冶町壱丁目　越前屋与惣兵衛　（印）
　　　　　　　　　　　　　　　　浅草茅町二丁目　八幡屋喜平次　　（印）
　　　　　　　　乍恐書付を以申上候
一，甲州郡内ニて織出申候絹・紬・嶋類并糸・真綿共ニ御運上差上，私共方へ買取
　　申度奉願候，尤御運上之儀ハ，別紙ニ相認指上申候，先年秋元但馬守様御領分
　　之時分ハ，壱ヶ年ニ銀五百枚之御運上ニて，松屋善介と申者ニ被為仰付候得共，
　　買金ニ手詰，百姓衆難儀被致候ニ付，御取上ヶ被遊候，此度私儀，京冷泉町和
　　久屋九郎右衛門と申者金元ニ相頼，金子何程ニても手支不申様ニ申合奉願候御
　　事
一，百姓衆御年貢上納時分，又ハ絹紬仕込之節，金銀入用ニ御座候ハヽ，村々之庄
　　や・五人組加判を以利足なしニ絹代前金ニ相渡，絹出来之刻，前々之通ばんぞ
　　う人と申所之者を仲人ニ立，其者之目利次第ニ絹之位ヲ見合，下直ニ無之様ニ
　　正当買取可申候，尤私共も郡内谷村へ住宅仕問屋致，方々より買出ニ参候諸商
　　人共へ，少ツヽ之口銭ヲ取買渡申度奉願候，勿論ケ様ニ壱人ニて売買仕候へハ，
　　下直ニ買高直ニ売可申様ニも可被思召候得共，古来より郡内ニ不限，上州辺ニ
　　ても絹売買仕候所ニてハ，売手買手直段ニ不構，ばんぞう人目利次第ニ絹之位
　　ヲ見合直段ヲ付，売買仕候習ニ御座候へは，心まかせニ高下ニ売買難仕候，少
　　も所之障ニ不罷成候段ハ，郡内百姓衆へ御尋可被下候御事
一，私此儀ニ十四年已前申年より秋元但馬守様御役人衆へ奉願候，甲州ニも度々罷
　　越，金元九郎右衛門儀ハ，御当地へ罷下り，私一所ニ御屋敷へ奉願候所ニ，七
　　年已前卯年，私下仲間松屋善介と申者，私ヲだしぬき奉願，買所被為仰付候得
　　共，不手廻候故，御取上被遊候刻，私被召出可被仰付旨御申渡被成，難有仕合
　　ニ奉存候得共，願之由他へ被仰付候故，金元京都へ罷帰申候，此段早速申遣シ，

金元一左右次第ニ御請負可申上と御請申上，京都ヘ申遣候所ニ，其節九郎右衛門義，病気ニ付罷下候儀少々及延引候故，御年貢上納之時分ニて絹買申者無之，百姓衆難儀被致候故，端判之御運上，百姓衆ニ被仰付，前々之通入込ニ被為仰付被差置候御事
右私数年之願ニ御座候間，御慈悲ヲ以奉願上候，尤於御当地ニ慥成家質請人相定，御請負可申上候，被為仰付被下候ハヽ難有可奉存候，以上
　　　宝永弐年酉七月　　　　　　　　　　　　南鑓屋町岡野屋
　　　　　　　　　　　　　　　　　　　　　　　願人　又三郎　（印）
　　　　　　　　　　　　　　　　　　　　　南鍛冶町壱丁目越前や
　　　　　　　　　　　　　　　　　　　　　　　　与惣兵衛（印）
　　　　　　　　　　　　　　　　　　　　　浅草茅町二丁目八幡や
　　　　　　　　　　　　　　　　　　　　　　　　喜平次　（印）

　この文書では，岡野屋，越前屋，八幡屋が，甲州郡内絹買所へ1年に銀1500枚の運上金と無利息の前渡金を駆使すること，絹物の買取りは，ばんぞう人を立て，その目利きによって絹物の位を見合わせ正当な値で買取ること等が記されていて，買付機関の設置を願い出ている。
　同様に，太田屋，宮川屋といった都市呉服商も宝永2（1705）年，甲州郡内に買付機関の設置を試行している[9]。

　　　　　　　　　　　　　乍恐以書付申上候
一，甲州郡内ニて織出申候絹・紬・嶋類御運上，私共方へ買取申度奉願候，尤御運上之儀ハ，壱ケ年ニ金子千六百五拾両宛差上ケ可申候，金元之儀ハ慥成者申合，金銀何程ニても手支不申様ニ仕，奉願上候御事
一，御百姓衆御年貢上納之時分，又ハ絹紬仕込之刻，金子入用ニ御座候ハヽ，村々之庄屋・五人組加判ヲ以利足なしニ絹代前金五千両迄ハ相渡シ，出来之刻前々之通，ばんぞう人と申所之仁ヲ仲人ニ立，其者目利次第ニ絹之位ヲ見合，下直ニ正当ニ買可申候，ケ様之前金渡候上ハ，只今迄金銀不手廻りニて絹之仕込成

兼候御百姓衆も、此已後は丈夫ニ絹仕込仕候上、端数年々ニ増可申と奉考、左候得ハ、御百姓衆勝手ニ可罷成哉と乍恐奉存候、其上ニて壱ケ年ニ金子三百両宛御百姓衆為勝手毎年相渡シ可申候、只今迄郡内村々ニて壱ケ年端六万疋程出来申候様ニ承合候、御百姓衆勝手之廻り能候て、五千も壱万も只今より端数増候得は、利足なしニ金子借シかけ申候ても、私共勝手ニ罷成候、尤私共郡内谷村町ニ住宅仕、問屋いたし、方々より買出参候諸商人共、少ツヽ之口銭ヲ取売渡申度奉願候、相残分は京・大坂御当地ニ差登セ売払可申と奉存候、勿論ケ様ニ壱人ニて売買仕候ハヽ、下直ニ買、高直ニ売可申様ニも可被思召候得共、古来より郡内ニ不限、上州辺ニても絹売買仕候所ニては、売手買手絹直段不構、ばんぞう人目利次第ニ絹之位ヲ見合、売買仕ならいニ御座候得は、私共心まかせニ高下ニ売買難仕、少も所之障り不罷成候段ハ、郡内御百姓衆へ御尋可被下候御事

一、右之通ニて仕候てハ、私共心任ニ安直段ハ絹買取候様ニも、乍恐可被為思召候間、五ケ年ニても七ケ年ニても、郡内ニて売買之直段、平均直段ニ成共被為仰付候様ニ奉願候御事

右之通奉願上候、尤於御当地ニ慥成家質請人相立、御請負可申上候、御慈悲ニ被為仰付被下候ハヽ、難有可奉存候、以上

　　　宝永弐年酉七月　　　　　　　　　　深川森下町太田や
　　　　　　　　　　　　　　　　　　　　　　　惣八　（印）
　　　　　　　　　　　　　　　　　　　　京橋南四丁め宮川や
　　　　　　　　　　　　　　　　　　　　　　　甚左衛門（印）

　この文書では、太田屋、宮川屋が、甲州郡内で織り出す絹・紬などの買付機関の設置を願い出ていて、そのために運上金1,650両を出すこと、村々の庄屋、五人組へ利息なしに前金5,000両まで渡すこと、毎年、金子300両を産地生産者のために渡すこと、絹物の買取りは、ばんぞう人を立て、絹の位を見合い、正当値段で買取ることを提示している。

　このような都市呉服商の産地進出に対して、次に示す史料のように、産地生

産者は反発を示している。

乍恐以口上書申上候御事(10)

一, 郡内領絹・紬・糸・綿, 大分之御運上金ニて御請負之者御座候ニ付, 勝手ニも可罷成由, 被為　仰聞候処ニ, 惣百姓中ニ為申聞候儀ハ, 五千両本借シ, 三百両合力金共ニ銘々為申聞候へ共, 百姓方申候儀ハ, 御公儀様御為之儀ニは御座候得共, 百姓之勝手ニハ, 先年之通りニ被仰付被下置候ハヽ難有可奉存候, 以上

　　宝永二酉年十一月十日　　　　　　　　　　　　　　　何村
　　　　　　　　　　　　　　　　　　　　　　　　　　　　名　主
　　　　　　　　　　　　　　　　　　　　　　　　　　　　組　頭
　　　　　　　　　　　　　　　　　　　　　　　　　　　　惣百姓

　　御代官様

　この場合, 郡内領の絹・紬・糸・綿は, 巨額の運上金で請負う商人がいて, それら商人の勝手になっていることに対して産地生産者が反発している。それゆえ, たとえ都市呉服商が巨額の運上金を支払って産地に買付機関を設置したとしても, 長期的な仕入れの継続が不可能であることが指摘されよう。その上, 都市呉服商と産地生産者の軋轢は解消に至らなかったため, 直営での仕入店の設置は効果的に機能せず, 浸透していかなかったと言えるだろう。

　このような都市呉服商の産地進出の取り組みは, その他の地域においても検討されていたと考えられるが, 都市呉服商と産地の生産者・商人との攻防の中で決着がつきにくく, なかなか成功にはつながらず, 試行段階で終わったと考えられる。

　これまでの検討から理解されるように, 大黒屋を始めとする直営という流通取引制度で新興の産地に進出した都市呉服商の事例は, 既存の取引慣行にしばられず果敢に産地に進出したものの, 産地の有力商人と連携が図れず産地の生産者・商人からの反発があったために失敗したことを示している。これに対し

て，地元の有力商人と連携して仕入革新に成功した越後屋が成長したのである。すなわち新興の産地進出の参入障壁の解決策で重要なのは，産地事情に詳しい有力な買付商人との共同革新が必要不可欠であるということになる。このことからも，越後屋の買宿制度の優位性が確認できる。本章でみたような大黒屋を始めとする都市呉服商の衰退は，産地進出のあり方にその原因の1つを求めることができる。

(1)　大黒屋については，吉永（1962），田中（1978）を参考にした。
(2)　田中（1978），pp. 68-69。
(3)　吉永（1962），p. 71。
(4)　「元方役格式申付候覚」国文学研究史料館所蔵史料。
(5)　「元方役格式申付候覚」国文学研究史料館所蔵史料。
(6)　「元方役格式申付候覚」国文学研究史料館所蔵史料。
(7)　田中（1978），p. 76。
(8)　都留市史編纂委員会編（1994），pp. 515-516。
(9)　都留市史編纂委員会編（1994），pp. 514-515。
(10)　都留市史編纂委員会編（1994），p. 517。

第9章 日本における百貨店業態成立に関する歴史的考察

【三越呉服店といとう呉服店のデパートメントストア宣言】呉服商のデパートメントストア宣言は，新聞でも消費者に告知された。

（資料）「東京朝日新聞」明治38年1月3日。　　　（資料）「扶桑新聞」明治43年2月26日。

第1節　買宿から買継へ

　明治時代になると,買宿(かいやど)は買継商(かいつぎしょう)へと変貌を遂げる。例えば江戸時代に松坂屋の買宿であった銅屋與次右衛門については,松坂屋の大正9 (1920) 年の取引先に「第七部　銘仙大島紬類　甲斐絹　谷村町　鈴木與二右衛門」とあることから (資料9-1),買継商となっても取引が継続していることが確認できるだろう。そして買継商として,大規模な伝統的産地を背景に,依然として大きな影響力を行使していった。しかし,買継商になると,特定呉服商のみならず多方面の取引先とかかわるようになってきて,買宿制度のような専属性は弱まっていった。昭和5 (1930) 年の史料によると,絹物の場合,買継商は百貨店 (呉服商) ならびに来客問屋へ販売していることが判明する (図9-1)。同様に木綿

資料9-1　松坂屋取引商の一例

(資料)　いとう呉服店 (1920), p. 40。

第1節　買宿から買継へ　175

の場合，百貨店（呉服商），集散地問屋，消費地卸商に販売していて取引相手が多様化していることがうかがえる（図9-2）。このことから買宿から買継商に変更したことによって，選択型取引から開放型取引に変容していることが認識できよう。買継商が独立性の高い組織になることは，買継商は呉服商からの

図9-1　絹物の買継制度

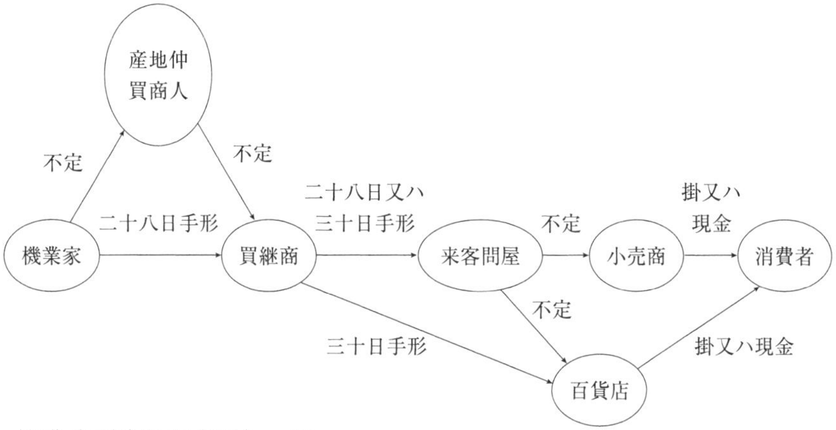

機業家 —不定→ 産地仲買商人 ←不定— 買継商
機業家 —二十八日手形→ 買継商
買継商 —二十八日又ハ三十日手形→ 来客問屋 —不定→ 小売商 —掛又ハ現金→ 消費者
来客問屋 —不定→ 百貨店
買継商 —三十日手形→ 百貨店 —掛又ハ現金→ 消費者

（出所）商工省商務局編（1930a），p. 132。

図9-2　綿花の買継制度

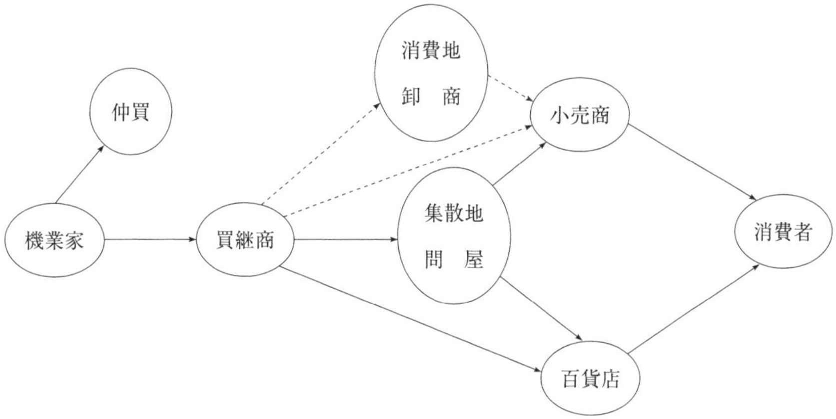

機業家 → 仲買
機業家 → 買継商 → 消費地卸商 ⇢ 小売商
買継商 ⇢ 小売商
買継商 → 集散地問屋 → 小売商 → 消費者
集散地問屋 → 百貨店 → 消費者

（出所）商工省商務局編（1930b），p. 31。

管理が穏やかになる一方で，自ら販路開拓をせざるをえなくなり，呉服商からの脱却が求められるようになってくるのである。

ところで，明治時代になると，越後屋は2つの方向を目指していくことになる。1つは呉服店として小売商に特化していく方向である。江戸時代の経営は，主として，この呉服店に受け継がれていくことになる。なかでも仕入れに関して言えば，明治5（1872）年株仲間の解散とともに株仲間経路は消滅していった。しかしながら，江戸時代に買宿という仕入経路を確立していたので，それからの調達に切り替えることで仕入量を確保し，経営を継続することができた。呉服商の経営は，百貨店に業態転換し，現在に至るまで継承されている。それとは対照的に，株仲間に全面的に依存していた呉服商は，仕入量を確保することができず経営が危ぶまれていった。

他方で卸売商の底力を発揮して，明治9（1876）年三井物産として卸売業務に専念するようになり，その後総合商社化を遂げ，現在まで経営は継続している[1]。このように越後屋の商家経営は江戸時代には小売商兼卸売商であったが，明治時代になると組織内で小売商と卸売商に段階分化を遂げて，どちらも発展していったのである。

また天和3（1683）年開業の三井両替店は，明治9（1876）年三井銀行となり，日本初の私立銀行がここに誕生する[2]。そして明治22（1889）年に三井鉱山も三池炭礦社の名義で創業し，三井グループが形成されていったのである[3]。

第2節　百貨店業態の成立[4]

明治末から大正時代にかけての百貨店化は，江戸時代の新興呉服商[5]から出発している。明治37（1904）年，三越（延宝元（1673）年創業，越後屋）のデパートメントストア宣言を皮切りにして，明治43（1910）年，松坂屋（慶長16（1611）年創業，いとう松坂屋），大正元（1912）年，大丸（享保2（1717）年創業，大丸屋），大正6（1917）年，白木屋（寛文2（1662）年創業，白木屋）が相次い

第 2 節　百貨店業態の成立　177

で百貨店化を果たし，日本の百貨店が次々に成立していった。

　百貨店の形成過程に関する代表的研究は，表 9-1 のように整理される。これによれば，既存研究の特徴として，百貨店化について大規模であること，多種類商品の取扱いといった販売面が強調されていること，江戸時代の呉服商経営との連続性はほとんど意識されていなかったことが指摘できる。

　たしかに，表 9-1 に示されるような要因により現在の百貨店らしさを形成しているが，百貨店化は販売面を中心とする革新のみで成立したものではない。なぜなら，販売は販売する商品の取り揃えがあってこそ初めて可能であり，日本の百貨店業態の形成過程においては，販売革新に先行する形で江戸時代に仕入革新がおこっているところに特色があるからである。このことから，呉服商の百貨店化を仕入面に重点を置いて研究する意義があると考える。しかも，仕入革新は江戸時代にすでに行われていることから，日本の百貨店は江戸時代における呉服商の経営と断絶して成立したものではなく，それを基礎にして成立したものであることを考慮に入れる必要があるのである。

　そして本章では，百貨店業態の成立を業態革新と関連づけるところにも特色

表 9-1　百貨店の捉え方

関（1906）	大規模
戸田（1909a）	大規模，多種類商品の取扱い，副業（運送設備，生産工場，娯楽等）
山田（1930）	大規模，資本状態，組織の複雑性
水野（1937）	大規模，多種類商品の取扱い，陳列販売
堀（1937）	多種類商品の取扱い，集中多量販売，分散的消費者の誘引
松田（1931）	多種類商品の取扱い，合理的組織
平井（1952）	大規模，多種類商品の取扱い，部門別組織

がある。小売業態論においては，業態革新の視点からさまざまな研究蓄積が存在する。業態の革新性に注目して既存研究を整理すると，新業態は低価格，品揃えといった販売革新の要因によってもたらされる点が強調されている[6]。これらの議論の前提には，仕入れの自由度の確保が含まれていることは言うまでもないことである。しかしながら，日本的取引慣行のもとでは，既存業態が仕入れの自由度を確保することは困難なので，業態革新は行えないと言われてきた。つまり，業態革新がもたらされるのは，新規の業者が新規の形で登場するしか新業態は生まれないとされていた。それにもかかわらず，なぜ呉服商という既存業態が百貨店へと業態革新を遂げることが可能になったのか[7]，その要因を仕入面に重点をおいて探る点にも本章の意義がある。

以上の既存研究を踏まえて，本章の目的は江戸時代に焦点を当て，呉服商が卸売商支配の流通で，どのように成長し最終的に百貨店業態へと業態革新を遂げたのかについて，一次資料に基づいて明らかにすることである。百貨店化するのに必要な前提条件が長い歴史的流れの中で作り上げられたので，考察期間は江戸・明治・大正・昭和初期とする。

ここで百貨店業態とは，日本最初の近代的な小売業態（大量仕入れ・大量販売）であり，卸売商が支配する流通を小売りの側から壊した最初の業態のことである。日本の百貨店業態は，呉服商から発生していることが特徴であり，その理由は最も主要な取扱商品が呉服であったためと考えられるが，呉服は卸売商支配が特に強かった産業である。このような状況の中で，呉服商が成長していくためには，既存の流通機構を打破することが求められた。

それに対してアメリカでは，伝統的流通機構が形成されていなかったため，仕入革新を起こすことなく百貨店化が行えた。そのため，販売面が重視された中での小売業の発展となる。このように，アメリカとは百貨店成立の背景が異なり，日本では販売革新に先行する形で仕入革新が起こっているところに特徴がある。

とは言うものの百貨店は欧米で誕生し，1852年ボン・マルシェ，1855年ルーブル，1858年メーシー，1860年ル・プランタン，1861年ワナメーカー，

1863年ホワイトレー，1869年サマリターンといったようにフランス，アメリカ，イギリスで百貨店が普及していった[8]。そのうちボン・マルシェにおいて，表9-2に示されるように，衣料品店から百貨店へ業態転換することによって，大きな成果をあげていた。日本の呉服商はここに注目して，早くから百貨店業態に関心をもち，百貨店化の方向性を模索していったと考えられる。鹿島(1991)によると，ボン・マルシェが従来の衣料品店と異なる点として，バーゲン・セール，テーマを絞った大売り出し，返品可，そして巨大店舗をあげている。日本の呉服商は，これらの最先端の百貨店業態の手法に大きな影響を受けたと考えられる。

その上主として販売面を欧米の百貨店を先行モデルとし，積極的に模倣していった。この例として三越呉服店では，明治38(1905)年，豊泉益三がショーウィンドー研究のため，ニューヨークに出張している。明治39(1906)年，日比専務がハローズを始めとする欧米の百貨店を視察するため欧州へ派遣されている。明治41(1908)年には濱田四郎が，帳簿・組織等の調査のために欧米に

表9-2 ボン・マルシェの売上高推移

(単位：100円フラン)

年	売上高
1852年	0.45
1863年	7
1869年	21
1872年	25
1877年	66.7
1884年	100
1889年	134
1895年	150
1898年	162
1900年	180
1903年	190

(出所) 松田(1931)，pp.18-19より作成。

赴いている。このように，呉服商が欧米への視察により得た最先端の販売面を中心とするスキル・ノウハウを学んで取り入れていくことで，明治42（1909）年の日本橋通りの大ショーウィンドー建設，大正3（1914）年の鉄筋5階建てルネッサンス式の本店新館の開店へとつながっていったのである。

またテーラーの科学的管理法の手法も積極的に導入し，業務の効率化を図っている。大丸呉服店本部調査課は，「所要時間の研究と販売員の訓練」を発行していて，これによるとテーラーの科学的管理法を百貨店に当てはめた場合，時間研究と販売員の訓練に集約でき，これによって作業の効率化・迅速化が図られるとしている[9]。

しかしながら日本における百貨店業態の成立にあたっては，百貨店業態の手法や販売面のノウハウのみでは，百貨店化は困難であった。なぜなら商品多様化に伴って取扱商品を全国各地から調達する必要が生じたからである。こうした状況の中で，呉服商には，江戸時代に仕入経路構築能力，仕入経路管理能力，仕入品目多様化能力が商家内に蓄積されていた。そこで，これらの能力を商品多様化に伴う仕入先の新規開拓に積極的に活用していくのである。それらは仕入経路の短縮化，安定的仕入経路の確保，仕入品目の拡大が含まれる。そのためこれらの要因を検討した上で，江戸時代の呉服商がどのようにして百貨店へと業態革新を遂げたかについて，示唆を与えるものとしたい。

1. 仕入経路の短縮化

江戸時代の呉服商の伝統的流通機構は，第3章で考察したように，商品を消費地問屋から仕入れるというものであった。この流通機構は既存の呉服商におさえられていて，越後屋を始めとする新興呉服商が，その流通機構を利用する限り，量的にも質的にも大きな成長は見込めなかった。そこで新興呉服商は新しい仕入経路の開拓に乗り出していった。その仕入経路は，中間商人を排除して仕入経路を短縮するものであり，具体的に言うと消費地卸の排除と産地卸の排除に代表される。

第 2 節　百貨店業態の成立　181

　まず消費地卸を排除するとは，呉服商が消費地卸を排除し産地卸と取引することである。消費地卸の排除には，問屋業務，荷受問屋等の開始が含まれる。問屋業務では元禄 7（1694）年に結成された江戸十組問屋があり，呉服商が加入することは小売業務だけでなく問屋業務に携わることを意味している。荷受問屋ではいとう松坂屋が文化 2（1805）年，江戸大伝馬町一丁目に開設した亀店（木綿問屋）や安政 3（1856）年に名古屋城下車町に開業した松店（木綿問屋）等があげられる。

　次は産地卸を排除する段階であって，越後屋，大丸屋，いとう松坂屋のように江戸で呉服店を構えながら，京都仕入店から仕入れを行ういわゆる江戸店持京商人にみられる。そしてより注目すべきは，第 3 章から第 6 章で考察したように，新興呉服商が産地に買宿を設置することによって産地卸の機能を取り込み，後方系列化していったことである。この新しい仕入れの仕組みは，百貨店化に対しても示唆を与えるものである。呉服商時代に小売業務の拡大に対応するために，産地開拓し卸売業務に力を注ぎ，卸売業者と連携して活動領域を広げたことは，百貨店化する時の大きな原動力になっている。

　ところで百貨店化した後の松坂屋の主要な取引先をみると，呉服については取引先に広がりがでてきているが，先にみたように，既存の取引先である鈴木與二右衛門からも継続して調達している[10]。呉服以外の商品については，主要取引先の一部を表 9-3 に整理した。これをみる限り，基本的には東京の問屋から仕入れていること，東京で買入れ困難な商品は全国の特産品の産地を開拓したり海外からも仕入れていることがうかがえる。例えば化粧品についてみると，福原資生堂から仕入れている一方で丸善化粧品部からも仕入れており，丸善は当時商社機能を果たしていたので，丸善を経由して海外からの化粧品を輸入していたと考えられる。また洋雑貨類については，東京のみならず横浜，名古屋，京都，大阪とさまざまな地域から買付けている。すなわち流通が未整備で商品を全国各地や海外から広域的に新規に調達する必要があったため，江戸時代に仕入先を新規開拓する知識を蓄積していたので，取扱商品の拡大時にもそれを活用して主体的に行動していったと言えるだろう。したがって取扱商

182　第9章　日本における百貨店業態成立に関する歴史的考察

表9-3　百貨店の取引先（抜粋）

分類	品目	所在地	店名	分類	品目	所在地	店名
洋雑貨類	フェルト及ストロウ帽子	東京	吉安商店	家具陶磁器類	乾山傳黒釉扇流水さし	京都	永楽善五郎
	縫入絹寄下	東京	株式會社堀川商店		山水蒔絵手筥	金澤	加藤儀一郎
	縫入羽二重ハンカチーフ	東京	中西儀兵衛		萬䃯四方花瓶	加賀	矢口永壽
	婦人襦袢	東京	片山彦太郎		君が代檜硯箱	京都	津田要之助
	整姿帯	東京	中島廣吉		色繪京花紋花瓶	京都	不苦不苦園
	ネクタイ	東京	株式會社南商店		流行扇張交屏風	京都	宮脇夫扇庵
	ネクタイ	東京	寺田商店		南蠻陶花瓶	京都	伊東陶山
	オーバーレース羽根布團膝掛類	東京	關口諭太郎		苔船香爐	京都	後藤鋼器店
	ワイシャツ類	東京	樋口商店		日光圓花瓶	名古屋	粂野總太郎
	羽根布團膝掛類	東京	紳谷耕吉		山水蒔絵香爐	名古屋	合資會社萬茂商店
	清涼着	東京	岡本貴一郎		紫檀製茶棚	名古屋	平岩商店
	ストロウハット	横濱	近文商店		紫檀製茶棚	名古屋	小林商祥
	シャツ類	名古屋	馬淵合資會社		紫檀製茶棚	東京	安市商曾美術部
	シャツ類	名古屋	金森太七		紫檀製茶棚	東京	關口清古
	タオルシャツ	名古屋	中村合名會社		紫檀製茶棚	東京	清藤商會
	ゴム湯枕	名古屋	伏見雑貨店		陶器	朝鮮	松林漢陶窯
	婦人襦袢	京都	船越辰次郎本店		陶器	名古屋	大島商店
	クッション膝掛	大阪	森本友七商店		陶器	名古屋	宮田信一
	帽子	大阪	田中雄商店		陶器	加賀	辻石齋
	タオル敷布	大阪	曾利支店		陶器	加賀	加藤儀一郎
ショール・洋傘・履物類	ショール洋傘	東京	關口洋品店		袋物	京都	德岡本店
	ショール	東京	中西儀兵衛		袋物	京都	熊谷卯八
	ショール	東京	西村貿易店		袋物	京都	若什竹藏
	ショール	東京	田名綱茂三郎		袋物	京都	播伊商店
	洋傘ステッキ	東京	猪岡柳太郎		袋物	京都	榁木清六
	洋傘ステッキ	東京	上條助一		袋物	東京	小山本店
	洋傘	東京	小島榮次郎		袋物	東京	味岡順太郎
	洋傘	東京	皆川商店		袋物	東京	山本商店
	雨傘	東京	車屋	化粧品・化粧器具類	化粧料	東京	株式會社播重商店
	履物	東京	宇津木鐵太郎		化粧料	東京	福原資生堂
	草履	東京	パナマヤ		化粧料	東京	東京美術研究所
食料品類	玄米コーヒー	横濱	河合一郎		化粧料	東京	黄金堂
	昆布羊羹	茨城港町	面澤光次郎		化粧料	東京	日本化粧品株式會社
	葡萄羊羹	山梨日下部	光下徳五郎		化粧料	東京	辻福之助
	五穀糖	新潟寄居	新潟製菓株式會社		化粧料	東京	株式會社安井筒屋
	ボール入九重	仙臺	玉澤信藏		化粧具	横濱	岡本信太郎
	千歳巻	山形	高橋佐介		化粧具	大阪	中太陽堂
	あこや巻	山形	高橋佐介		化粧具	大阪	眞野商店
	五家室	浦和町	羽根奥次郎		化粧具	神戸	丸善化粧品部
	白魚紅梅煮	秋田天瀬川	小玉信義	兒童用品類	洋服帽子	東京	關口源太郎
	若鷺佃煮	秋田天瀬川	小玉信義		コドモ靴	東京	小川靴店
	豆銀糖	盛岡	村田常吉		洋服帽子	東京	大河内次郎
	東京名所せんべい	東京	田中榮朗		子供帽子	東京	吉安商店
	カルルスせんべい二篭三篭四篭	東京	田中榮朗		子供帽子	東京	合名會社長郷商店
	みやけあまビスケット	東京	中澤正之助	文房具玩具類	玩具	東京	武者正之助
	洋菓子	東京	小川菓子店		玩具	東京	平井三藏
	洋菓子	東京	鶴田菓子店		雑貨	東京	吉川銀治郎
	玄米甘酒	東京	三楽		文具	東京	大正洋行
	つくばね	東京	嵯峨の家總本店		玩具	東京	フレーベル館
	八百屋あられ	東京	嵯峨の家總本店		紙製文具	東京	森實保
	のしいか丸鑵角鑵	東京	笠松彌一		文具	東京	古一堂
貴金属時計類	貴金属類	東京	朝日商店		印刷紙	東京	東山堂
	寶玉類	東京	寶玉商行		寫眞器	東京	浪川商店
	寶玉類	東京	依田忠商店		寫眞器	東京	小西六右衛門
	貴金属類	東京	村松合資會社		玩具	東京	淺野勝之助
	貴金属類	東京	中村商店		玩具	東京	内外玩具株式會社
	貴金属類	東京	松本商店		玩具	東京	酒井金之助
	貴金属類	東京	清水商店		玩具	東京	小島百藏
	貴金属類	名古屋	天野時計寶飾品株式會社		玩具	名古屋	河村治助
	貴金属類	東京	原清右衛門		雑誌	東京	富昇進堂
靴鞄類	鞄及旅行具	東京	平井伊之助		文具	東京	平安堂商店
	靴	東京	村上勇雄		兒童品	東京	渡邊留吉
頭飾品類	頭飾品	東京	小川專助		兒童品	東京	和田政典茂
	頭飾品	東京	金子博八		兒童品	東京	林屋商店
	頭飾品	東京	柳澤恒吉	節句飾物類	人形	東京	成平商店
	頭飾品	東京	安藤精之助		人形	大阪	河崎榮一
	頭飾品	東京	湯浅千代三郎	洋服トンビ類	レーンコート	東京	藤合名會社
	頭飾品	東京	宮本庄七		レーンコート	東京	角田商店
	頭飾品	東京	鈴清商店		色朱子	大阪	曾利商店
	頭飾品	東京	天野時計寶飾品株式會社		背廣類	東京	平久保由造
	頭飾品	東京	丸三商店		スプリングオーバー	名古屋	林盛俊
	頭飾品	東京	すみ商店		トンビ	名古屋	下田平吉
	頭飾品	東京	岡島善助				

（出所）　いとう呉服店（1920）より作成。

第 2 節　百貨店業態の成立　183

品の拡大は，卸売業者との連携による共同革新によって進められたことが理解できよう。

　しかし取扱商品の拡大は，このような卸売業者との共同革新にとどまらなかった。生産が未成熟な産業においては，直営工場の設置に乗り出していき，百貨店単独での革新も同時進行で行われていった。大正後期から昭和初期にかけて，百貨店が専属工場・直営工場を設け，生産を内部化する動きが活発となる。松坂屋では大正 14（1925）年 3 月，名古屋市西区西川端町に誠工舎を専属工場として設置した。そして松坂屋の販売・請負にかかわる和洋家具の制作，室内装飾の設立施工を手掛けていった。そして昭和 3（1928）年には，資本金 20 万円の株式会社誠工舎となる。またサカエヤは昭和 4（1929）年資本金 50 万円で創立され，日用品・食料品の販売，食堂の経営，自動車の販売，和洋服の調製裁縫等を担当している[11]。また大丸では大正 10（1921）年，優秀な家具を自家生産するため，大阪市港区市岡元町五丁目の内外木工所を買収し，大丸呉服店家具製作所を設立した。さらに昭和 5（1930）年，尼崎に食品工場を設けた。その後，パン，菓子，漬物，アイスクリーム，バター，石鹸，化粧品等製造の範囲を拡大していった。これが発展して，大丸ピーコックとなっていったのである。同じく昭和 5（1930）年，大阪市西区北堀江二丁目に印刷工場を設けた。同様の直営工場は三越では，家具，羽二重，菓子，真綿，化粧品，食料品等で，白木屋においては，食料品の一部でみられた[12]。このように，各種商品を取り扱うためには，家具，食品，日用品，和洋服といった生産が発達していない分野の商品においては，商人でありながら生産も手掛けざるを得ず，それによってこれらの商品においても販売量に見合う仕入量を確保していったのである。そして内部調達された製品には，プライベート・ブランドを付与することで，商品化していったのであった。例えば松坂屋の場合，呉羽ケープ，いとう歯磨，いとう特製レート（化粧水）というプライベート・ブランドとして商品化している[13]。これには，江戸時代の呉服商時代に産地に対して製造工程まで細かく指示して品質の保持に努めていたので，その時の経験の積み重ねから，百貨店化した後に直営工場をもつにいたるのにそれほど距離はなかったと言えるで

あろう。

　このように，百貨店と卸売業者との共同革新のみならず百貨店単独の革新の双方によって，多様な流通段階から多様な仕入方法を駆使して商品を調達することで取扱商品の拡大が可能になり，各種商品において大量調達できる方向性をつけていったのであった。これには江戸時代に培った卸売商・生産者との連携という経験が百貨店化されても活かされていることが理解されうる。言い換えれば，百貨店化できたかどうかは，仕入面での優位性が鍵を握っていたのである。

　さて，呉服商と買宿との取引関係は口銭取引であったので，百貨店化した後，新たに取扱商品を拡大する時から見受けられる委託仕入れと類似した形態が，江戸時代にあったと言えるだろう。ただし委託仕入れは，百貨店によって異なる導入・展開をみせる。松坂屋では昭和初期に返品係を設け，委託仕入れを採用している。それは売れ残りリスクを回避するために，特殊な商品，新商品にして売行の予測し難いもの，季節品にして晩季のもの，食料品にして腐敗変味に易きもの等に適用している。それに対して，白木屋では，昭和初期，経営不振の打開策として，委託仕入れを全面的に採用している[14]。

2. 安定的仕入経路の確保

　呉服商は，第7章で検討したように，白子組に加入して産地に対応したり，江戸呉服仲間として結束することで呉服商としての地位を守ろうとした。そのうえで，既存の仕入経路である産地商人の仲間・株仲間組織との協調・交渉を行うことで，商品を安定的に調達していった。このような産地商人の仲間・株仲間組織との管理方式の確立は，百貨店化においても役割を果たしている。『全国百貨店有名取引業者総覧』（昭和10年度）によると，三越は三越会，大丸は大丸会といったように納入業者会が結成されていて，取引先との連携が強められている。これは，競合百貨店との関係の中で，優位性を確立するために取引関係を深めていったと考えられる。また，「仕入手帳」（松坂屋，1933年）に

「買先と共存共栄忘れるな」とあり，既存の取引先である卸売業者との関係維持を志向している。百貨店では大量仕入れ・大量販売が前提であり，これを可能にした背景の1つには，江戸時代における仕入経路を管理する能力の蓄積があり，これがなければ今日の百貨店業態の成立はなかったと言えよう。

なお，百貨店化しても百貨店間の協調行動がみられる。大正8 (1919) 年8月に，五服会が結成され，日本橋区蛎殻町相互倶楽部三階において，次のような構成員で，懇親会を催している。[15]

山岡才次郎，笠原健一（三越呉服店）

佐藤三平，塚本鉢三郎（松坂屋呉服店）

内藤彦一，古屋惣八（松屋呉服店）

判野又三郎，初田判作（白木屋呉服店）

村松善次郎，小川竹次郎（高島屋呉服店）

その後定期的に毎月26日に会合を重ね，大正13 (1924) 年9月に日本百貨店協会と改称された。この日本百貨店協会の主要事業は，広巾織物普及宣伝，中形染色改良，各種の商品改良，メートル法の普及宣伝等であり，百貨店が団結する方向で，共同歩調をとったと考えられる。会合は，1年に1回催されていた模様で，経営研究会や統制の話合いの場ではなく親睦会的色彩が強かったと言われる。このことから江戸時代の呉服商間の仲間組織や株仲間組織と同様に百貨店間で協調的行動が図られているが，日本百貨店協会の方が，個別百貨店の経営の自由度は高まっていると言えるだろう。

3. 仕入品目の拡大

呉服商の産地開拓は，同時に取扱商品の多様化も生み出していった。先に述べたように，呉服商が新しく産地開拓していくことによって，産地ごとに絹物，木綿という同一品目分野での多様化が進展していった。それとともに，呉服以外の仕入品目の多様化傾向も見受けられる。そこでこの点について，考察していくことにしよう。

次に示すのは，貞享元（1864）年，いとう松坂屋が，長崎で購入した品目のリストである。

貞享元（1684）年 7 月 26 日[16]
　　阿蘭陀舩
一，弁カラ糸　　拾万弐千七百斤　　一，白糸　　　壱万八千弐百四拾斤
一，カセ糸　　　壱万九千斤　　　　一，奥嶋　　　四千百端
一，弁カラ嶋　　九千九百端　　　　一，カヒタン　万六千七百端
一，大木綿　　　壱万弐千五百端　　一，同紺　　　千反
一，上大金巾　　壱万弐千端　　　　一，同次　　　弐千九百弐拾反
一，同紐　　　　千反　　　　　　　一，小金巾　　壱万参千百弐拾反
一，同次　　　　八百端　　　　　　一，上金巾　　四百八拾反
一，同次　　　　八百端　　　　　　一，山崩　　　弐百反
一，太布　　　　三百端　　　　　　一，組手巾　　千百端
一，紬　　　　　千九百端　　　　　一，カイキ　　六百七拾反
一，飛サヤ　　　弐千四百反　　　　一，小縮綿　　弐百反
一，鯡　　　　　弐万四千本　　　　一，染　　　　八百作
一，種柿　　　　壱万五千斤　　　　一，手皮　　　四千八百枚
一，鹿皮　　　　三万六千三百枚　　一，薬種　　　色々
一，小間物類　　色々
　　　銀高四千九百十七夕七百拾五反
　　二番東京舩
一，小糸　　　　弐万九千斤　　　　一，リンス　　四百反
一，同次　　　　弐百五拾斤　　　　一，北絹　　　百反
　　　銀高六百貫目
　　三番カンタウ舩
一，白糸　　　　百斤　　　　　　　一，サヤ　　　弐百反
一，ビロウド　　参拾反　　　　　　一，薬種小間物　色々アリ

銀高九拾貫目

　ここで注目されるのは，オランダ船の鹿皮，小間物類，薬種，カントウ船の薬種小間物である。これはいとう松坂屋が，呉服商でありながら，呉服物以外のその他の商品を取り扱っていたということであり，この時期すでに各種商品小売商としての経験をもち始めていたことになる。

　次に示すのは，安永元（1772）年のいとう松坂屋の引き札である（資料9-2）。

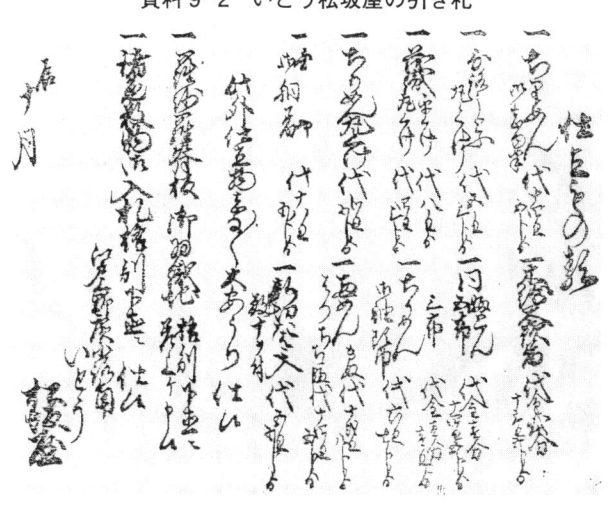

資料9-2　いとう松坂屋の引き札

（資料）　伊藤家蔵。

　この引き札で注目すべきは，次の箇所である。

一，同ふとん
　　　五布　　　代金　壱分十四匁五分ゟ
　　　三布　　　代金　壱分壱匁ゟ
一，ちりめん
　　　御袖頭巾　代　六匁七分ゟ
一，新切たはこ入　代　五匁五分ゟ

数十ヲ付

つまりいとう松坂屋では，呉服物ばかりではなくて，ふとん，御袖頭巾，新切たばこ入といった呉服の関連商品をも取り扱っていることが理解できよう。また「諸色数物御入札」とあり，他にも種々の商品を取り扱っており，この引き札にみられる商品は，ごく一部であると推察される。

また大丸屋では，宝暦9（1759）年，金物店を設置し，神具，仏具，家庭・庭園の装飾金具を扱い，新分野への進出を試みている[17]。

さらに越後屋でも，寛政4（1792）年に荒物方を設置して，砂糖，蘇木（すき），錫，鉛，水銀，象牙，胡椒，鼈甲，鮫，紫檀，黒檀といった呉服物以外の商品を手がけている。ただし荒物を取り扱った経緯をみると，本店との資金繰りのためであり，越後屋が必ずしも新しい商品を積極的に取扱ったわけではない[18]。

以上のように呉服商が仕入経路を新しく開拓することによって，あるいはそれとは違った理由で，取扱商品の多様化を生み出していっていることが指摘できる。その結果呉服という同一商品分野，非関連分野での多様化がすすんでいったのである。このような仕入品目の多様化によって，呉服店での品揃えの豊富さもたらし，集客力を高めることに寄与していった[19]。ただしこの呉服商の取扱商品の多様化で共通しているのは，総合的品揃えではなくあくまで呉服商であるという点である。しかしながら，結果的に呉服物以外の商品を取り扱ったということは，呉服物以外の商品の取扱い経験・ノウハウの蓄積という意味で非常に貴重であったと言えるだろう。こうした呉服商の仕入品目多様化能力の蓄積こそ，百貨店化の布石であり，単なる呉服商ではなかったことが理解できよう。

なお呉服商の取扱商品という点に関連しては，いとう松坂屋において，安政の大地震後の見世開大売出しの時に，仕入先から派遣された「買先衆中一同取持」と呼ばれる人々が，販売を担当していた。その詳細はつまびらかではないが，派遣店員に類似した職種がこの時期からあったことが認識できるだろう[20]。

第2節　百貨店業態の成立　189

　以上の検討から，江戸時代の卸売商支配の流通のもとでは，純粋に小売商として成長し大規模化することは困難であった。そこで，呉服商は小売業務に携わると同時に卸売業務の領域を拡大していった。卸売機能を担当するには，既存の流通機構上の卸売商になって卸売機能を果たす場合と，既存の流通機構にはない卸売商として卸売機能を果たす場合がある。すなわち，大量仕入れのために既存の卸売商との共存による安定的仕入れルートの維持と，仕入れの多様化に取り組んでいったことが，有効な仕入形態であったと言えるであろう。このような問屋・仲買商との共存と離脱という呉服商の仕入行動は，大規模呉服商としての長期にわたる成長を可能にして，これが大量販売・高品質による信用・多品目取り扱いの基盤となり，日本における百貨店業態の原型が形成されることになったのである。

　呉服商の産地進出と成果は，表9-4のように整理される。

　さて，松坂屋の場合，図9-3に示されるように，明治時代において，売上高低迷に悩んでいた。そのため，百貨店業態に方向転換することで活路を見出していったのである。しかしながら，百貨店化してもその後しばらくは松坂屋の売上高低迷は続き，大正時代になって消費生活の中に洋服が浸透し始める頃

資料9-3　明治43（1910）年　松坂屋名古屋店2階仕入部

（出所）　J.フロントリテイリング史料館蔵。

190　第9章　日本における百貨店業態成立に関する歴史的考察

から，百貨店が成長し始めることがデータで裏付けられる。このように百貨店ブランドを確立するための試行錯誤を繰り返しながら呉服商が，百貨店へと変容していったのである。

そして，松坂屋が百貨店化したのは，当主が鬼頭幸七にあてた手紙に「三井

表9-4　呉服商の産地進出と成果

	創業年	創業者	現金掛け値なし	産地進出		多店舗展開		呉服店売上高・有高		百貨店化した年
三越	延宝元(1673)年	三井高利	延宝元(1673)年	延宝元(1673)年 貞享元(1684)年 宝永7(1710)年 享保7(1722)年 享保17(1732)年 元文5(1740)年 天明2(1782)年 寛政5(1793)年頃 寛保12(1800)年 天保元(1830)年頃	京都仕入店開設 越後に買宿設置 長崎方設置 上州店内設置 桐に買宿設置 江州に買宿設置 伯州，西紙屋を買宿指定 八王子に買宿 雲州，西台屋を買宿指定 青梅に買宿	延宝元(1673)年 元禄4(1691)年	江戸店 大坂店	享保15(1730)年 享保20(1735)年 元文5(1740)年 延享2(1745)年 (江戸本店売上高)	貫文 6,275,806 6,817,593 13,372,886 13,835,322	明治37(1904)年
松坂屋	慶長16(1611)年	伊藤祐道	元文元(1736)年	享保6(1721)年 享保期 延享2(1745)年 文化2(1805)年 文化8(1811)年 文政7(1824)年 以下に買宿 上州高崎 武州八幡 武州大宮 甲州谷村 武州所沢 奥州川俣 仙台国分町 京都 安政3(1856)年	高岡の塩屋と産地取引 上州富岡の見次直右衛門と産地取引 京都に仕入店開設 江戸大伝馬町に亀店(木綿問屋)開設 高崎，小千谷に買宿 清水関八 阪本伝平 大森喜右衛門 銅尾奥次右衛門 正田屋政治郎 菅野舞右衛門 奈良屋小兵衛 千切屋治兵衛 名古屋城下車町に松店(木綿問屋)を開業	慶長16(1611)年 明和5(1768)年	名古屋店 江戸店	天明6(1786)年 寛政2(1790)年 寛政7(1795)年 寛政12(1800)年 文化2(1805)年 文化8(1811)年 文化12(1815)年 文政3(1820)年 文政8(1825)年 天保元(1830)年 天保6(1835)年 天保11(1840)年 (上野店売上高)	貫文 979,220 1,241,781 1,590,060 1,562,930 1,364,234 1,710,785 2,037,152 2,004,141 2,215,023 2,575,648 2,471,155 2,931,054	明治43(1910)年
大丸	享保2(1717)年	下村正啓	享保11(1726)年	享保2(1717)年 元文3(1738)年 元文4(1739)年 安永期(1772-1781年) 藤岡 桐生 高崎 富岡 秩父大宮 小川 吉田 八幡山 寄居 渡瀬	京都に仕入店開設 長崎本商人に加入 長崎の糸割符の仲間株購入 以下に買宿 新井喜兵衛 佐岡吉右衛門 青山利左衛門 藤屋八兵衛 油屋庄治郎 井上治右衛門 桜木善右衛門 肥土兵左衛門 坂本伝兵衛 酒井彦右衛門 次藤理左衛門	享保2(1717)年 享保11(1726)年 享保13(1728)年 寛保3(1743)年	京都店 大坂店 名古屋店 江戸店	延享2(1745)年 寛延3(1750)年 宝暦5(1755)年※1 宝暦10(1760)年 明和2(1765)年 明和7(1770)年 安永4(1775)年※1 安永9(1780)年 天明5(1785)年 寛政2(1790)年 寛政7(1795)年 寛政12(1800)年 (江戸呉服店有高※1)	貫匁 197,450 742,064 1,084,564 1,101,058 1,212,967 1,093,619 1,234,856 1,579,166 1,795,152 1,773,773 1,637,923 2,116,170	大正元(1912)年※2

(出所)　株式会社三越編(2005)，大丸二百五十年史編集委員会編(1967)，第1巻，第3巻，第8巻，林(1967)，「いとう呉服店年契」，加藤善三郎編『鶴齢記』より作成。

※1：宝暦5(1755)年のデータは，宝暦5(1755)年春夏期のデータと宝暦6(1756)年春夏期のデータの平均から推計した。安永4(1775)年データに関しては，寛永3(1774)年のデータと安永4・5(1775・1776)年のデータの平均から推計した。
※2：大正元(1912)年にデパート形式を整え，株式会社を設立したのは大正9(1920)年である。

第2節　百貨店業態の成立　191

図9-3　松坂屋の売上高推移

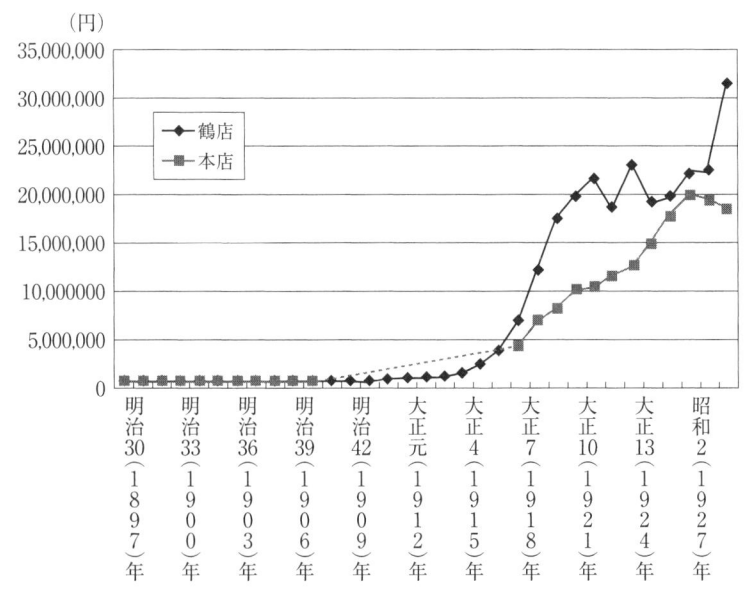

(円)

凡例：◆鶴店　■本店

明治30（1897）年／明治33（1900）年／明治36（1903）年／明治39（1906）年／明治42（1909）年／大正元（1912）年／大正4（1915）年／大正7（1918）年／大正10（1921）年／大正13（1924）年／昭和2（1927）年

(出所)「いとう呉服店年契」,「商品部門別売上期計表」より作成。

三越ノ例ニ習ひ,断然組式を変更し,営業を分離するを,銀行ニ対し安全トスル事」とあるように,三越の影響が強いことがわかる（資料9-4）。

資料9-4　当主が鬼頭幸七にあてた手紙

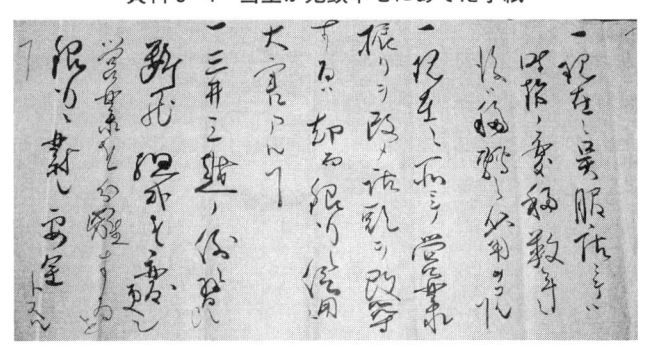

(資料)　J.フロントリテイリング史料館蔵。

ところで松坂屋の売上高，呉服部門の売上高・シェアならびに呉服部門の仕入高・シェアの推移は表9-5に示す通りである。表9-5でもっとも注目すべきことは，呉服部門の売上高シェアである。呉服商が百貨店化したことを反映して，大正7(1918)年，呉服部門の売上高が全体の7割ちかくを占めている。このことから，百貨店経営の中で，呉服部門の充実は非常に大きな要素であることが理解できよう。その後呉服部門の売上高シェアは，生活様式の変化によって年々低下傾向を示すが，大正末まで百貨店の主力商品であった。過半数を切るのは昭和時代になってからであり，同様のことが仕入面においてもみられる（資料9-3）。こうした傾向から，百貨店が各種商品小売商としての体裁を整えていったのは，昭和時代になってからであることが指摘できる。呉服部門以外の商品の拡充によって，大正14(1925)年に松坂屋が，昭和3(1928)年

表9-5 松坂屋の売上高と呉服部門の売上高・シェアおよび仕入高・シェアの推移

(単位：円，%)

	売上高	呉服部門売上高	呉服部門シェア	仕入高	呉服部門仕入高	呉服部門シェア
大正 7 (1918) 年	10,304,360	7,096,843	68.9	9,457,596	7,012,098	74.1
大正 8 (1919) 年	18,496,920	12,725,788	68.8	16,311,055	12,029,248	73.8
大正 9 (1920) 年	25,254,615	16,198,740	64.1	20,590,873	14,772,936	71.8
大正 10 (1921) 年	29,474,552	19,010,305	64.5	24,884,104	18,047,831	72.5
大正 11 (1922) 年	31,568,343	19,418,481	61.5	25,946,162	17,524,673	67.6
大正 12 (1923) 年	35,960,180	—※	—※	31,930,752	20,698,695	64.8
大正 13 (1924) 年	45,218,990	25,284,783	55.9	39,222,247	24,968,164	63.7
大正 14 (1925) 年	52,657,266	27,909,525	53.0	44,216,417	26,552,554	60.1
昭和元 (1926) 年	58,333,785	29,594,990	50.7	48,949,086	28,134,474	57.5
昭和 2 (1927) 年	65,072,263	31,239,270	48.0	54,573,319	29,242,299	53.6
昭和 3 (1928) 年	63,368,472	27,882,445	44.0	52,570,702	24,694,211	47.0
昭和 4 (1929) 年	70,285,174	22,536,219	32.1	57,924,377	21,645,185	37.4

(出所)「商品部門別賣上期計表」1918年-1929年,「商品部門別仕入期計表」1918年-1929年（J.フロントリテイリング史料館所蔵史料）より作成。
※関東大震災により不明

第 2 節　百貨店業態の成立　193

に三越，大丸，白木屋が，社名から呉服店を削除している。

　そして図 9-4 に示されるように，昭和 11（1936）年時点で新しく追加された商品については，商品仕入れのために商品部が設置されて，各種商品における仕入組織が整備されていることがうかがえる。この図 9-5 から次のような特徴を指摘することができる。

　第 1 に，呉服商時代に越後屋の場合，京本店の大元方において歴代八郎右衛門による一元的管理が行われていることを踏襲して，百貨店になっても商品部長の監督のもとに，呉服主任・雑貨主任を配し，本部の集中管理による仕入体制が構築されていることである。したがって仕入商品の選定・拡大にあたっては，本社の集中管理のもとに組織的に決定されていったのである。このことは「仕入係心得」（松坂屋，1933 年）においてもみられ，「取引の開始，停止及び廃止は重大なる商事なれば之を行ふに当りては必ず商品部長，呉服主任，雑貨主任，商品事務部主任と協議の上之を行ひ決して各部主任，仕入主任のみにて擅に決定せざる事」，「取引開始希望の申込ありたる時は先方の申出を詳細に聴取し之を部主任に報告協議し其の見込あるものに就ては商品部長及呉服主任又は雑貨主任に申告すると共に充分調査研究の上其必要ありと思料さるゝものに限り更めて商品部長，呉服主任又は雑貨主任及部主任立会引見すべし又商品部長，呉服主任或は雑貨主任等に直接申込ありたるものと雖も手続同前なり」と商品取引の開始は一貫して，本社主導で行われていることがうかがえる。

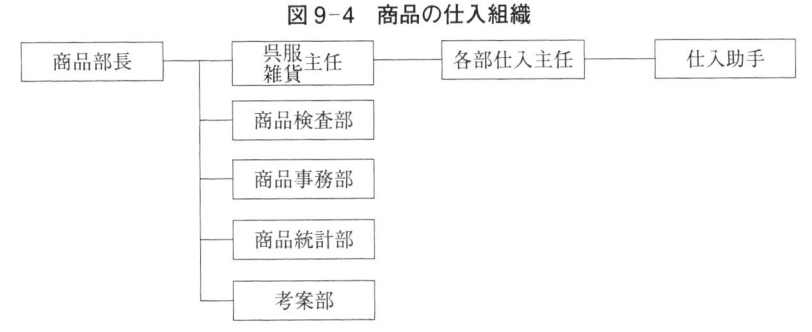

図 9-4　商品の仕入組織

商品部長 ─ 呉服雑貨主任 ─ 各部仕入主任 ─ 仕入助手
　　　　　├ 商品検査部
　　　　　├ 商品事務部
　　　　　├ 商品統計部
　　　　　└ 考案部

（出所）　松坂屋教育課（1936a），p. 19。

第2に，江戸時代の呉服商において仕入れを通じて品質管理の重要性を学習していたので，各種商品においても呉服と商品特性は異質であるが，一定の品質以上の商品を仕入れるため，商品検査部が設けられていることがある。なおそれは，次のような内容となっていた[21]。
(1) 範囲：売品としての全商品
(2) 程度：染色，加工，原料，衛生，度量衡，価格，毀損等に渉る常識的判断
(3) 方法：受入れ商品の抜取検査，陳列商品の点検，華客並に販売員の苦情

同様のことは「仕入係心得」（松坂屋，1933年）においてもみられ，「商品は意匠清新にして品質優良よく時勢の趨向要望に適応するものたる事」，「品質粗悪，内容不正確なるものは価格の高下に拘はらず一切取扱はざる事」と良品を選定して仕入れるよう品質維持のための注意を喚起している。

さらに前述の商品検査部ばかりでなく商品試験室も設けていて，次のような検査を実施し，商品の二重チェックを行っていたことが指摘できる[22]。
(1) 依頼品試験：仕入時の見本品による依頼品，売場商品の依頼，他店の商品と当店の商品との価値比較，華客よりの事故品
(2) 抜取品検査：係員により売場商品の抜取りを行ひて検査するもの

ところで，「仕入係心得」（松坂屋，1933年）に，「産地又は遠隔の地より来訪せる取引先に対して所定の取引時間外と雖も成るべく面接すべき事」，「産地へ出張取引を為す場合は特に慎重なる態度を持し不謹慎なる行動あるべからざるは勿論毎日商品部長宛敏速詳細に通信報告すべき事」とあり，江戸時代の産地開拓の経験から，昭和時代になってもその重要性が継承されていることがうかがえる。

なお，「仕入係心得」（松坂屋，1933年）には，「商品種類は成るべく多種多様に取入れ同一種類のもの多数偏在せざる様注意し濫りに在庫品を山積せざる事」，「商品不揃の事なき様売場と連絡を保ち其充実を図り顧客の嗜好，商品の大勢等を窺ひ常に細心の注意を怠らず新製品に対しては他店の先駆者たる覚悟を要する事」とあり，各種商品について一定量の品揃えを目指していたために，

第 2 節　百貨店業態の成立　195

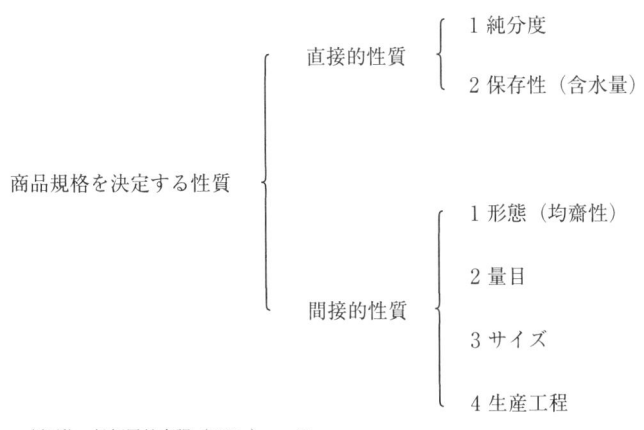

図 9-5　商品規格の基準

```
                        ┌ 直接的性質 ┬ 1 純分度
                        │           └ 2 保存性（含水量）
商品規格を決定する性質 ┤
                        │           ┌ 1 形態（均齋性）
                        └ 間接的性質 ┤ 2 量目
                                    │ 3 サイズ
                                    └ 4 生産工程
```

（出所）　松坂屋教育課（1936a），p. 47。

「染色，織加工は堅牢にして殊に丈，幅，サイズ，量目等は正確なる事　但商品規格に合致せざるものは商品部長の裁決に依り之を取扱ふこと」とあり，呉服商時代の経験を活かして，図 9-5 に示すような基準を設けて商品規格を重視することで大量仕入れを追求していたことがうかがえる。

4. むすびに

　日本における百貨店業態の歴史的発展のプロセスを考察してみると，江戸時代の呉服商から継承された仕入経路構築能力，仕入経路管理能力，仕入品目多様化能力を積極的に活用・発揮することを通して，大量販売・高品質による信用・多品目取り扱いの基盤となり，各種商品の取り扱いが可能となって，百貨店へと業態転換が実現できたことが解明された。そのうえ，洋風の消費生活の流れの中で，欧米の最先端の百貨店業態の知識を吸収し，両者を融合・調和することによって，諸外国とは異なる日本型百貨店が形成されていったと言えるだろう。

　また，取扱商品の拡大にあたっては，呉服は依然として買継（買宿）経路か

らも商品を調達し，江戸時代の知識がそのまま活用されている。さらに，新たに追加された商品についても江戸時代の呉服商時代に仕入先を新規開拓し，多様な仕入経路から商品を調達する知識が蓄積されているために，それぞれの商品について最適な仕入経路を選択することが可能になった。このような仕入面での試行錯誤を繰り返した呉服商が各種商品小売商としての体裁を整え，百貨店ブランドを確立していったのである。

　これは既存の業態論研究に，次のような示唆をあたえる。すなわち江戸時代の呉服商時代に形成・蓄積された仕入経路構築能力・仕入経路管理能力，仕入品目多様化能力を発揮することによって，日本的取引慣行のもとでの制約を克服できたので，既存業態の業態革新を可能ならしめたということである。

　なお本書の考察において，既存業態が業態革新困難な場合と，既存業態が業態革新可能な場合の2つの局面が登場した。呉服師という既存業態が新興呉服商の革新的行動を模倣することは，既存顧客の離反を招くため，革新阻害要因となった。これに対して呉服商という既存業態が業態革新を実現できたのは，呉服商の顧客と百貨店化することによって増加する顧客との顧客層が一致していたからである。呉服商が長年の商売の積み重ねによって確立した市場における信用を維持しつつ取扱商品を拡大したので，既存顧客の離反を招く心配はなかったのである。

(1)　三井物産の総合商社化に果たした支店間連携については，武居（2013）を参照のこと。
(2)　三井銀行八十年史編纂委員会編（1957），p. 3。
(3)　財団法人三井文庫編（1980b），p. 308。
(4)　百貨店に関しては，株式会社三越編（2005），大丸二百五十年史編集委員会編（1967b），有賀（1937），松坂屋伊藤祐民伝刊行会編（1952），松坂屋70年史編集委員会編（1981）によるところが大きい。
(5)　ここで新興とは，既存の呉服師とよばれた初期豪商に対応した概念である。本章が考察対象としているのは，新興呉服商の中でも，百貨店化を実現した呉服商に限定している。新興呉服商は，呉服商としては後発であったが，百貨店化にあたっては先発となり，業態革新を主導する。以下で呉服商といった場合，これらの呉服商のことをさす。
(6)　販売革新の要因として，個別の研究を整理してみると，その要因は研究者によって若干の相違が見受けられる。McNair（1976）は，低価格を武器にして，新業態が現れるとする。Izraeli（1973）は，業態革新は，低価格，中価格，高価格といったさまざまな

価格帯で起こりうるとしている。Hollander（1960,1966）は，品揃えの幅の拡大・縮小という販売革新の側面で業態革新を捉えている。Brown（1990）は，業態革新は品揃えを絞り込んで低価格で出発し，成長するにつれて品揃えの幅が広くなり，成熟していくにしたがって価格より品質中心となり，衰退していくとする。Brown（1990）も，業態革新の出発点は低価格限定品揃え型の販売革新であるとしている。

Davidson,Bates,and Bass（1976）は，革新的小売業の優位性は厳密な費用構造の管理，きわだった品揃え，買物の容易性，立地上の優位性，他とは違った広告や宣伝といった販売革新の要素で捉えられている。Savit（1984）はMcNair（1976）の理論に対して，価格訴求，販売促進，イメージ，マージンといったものに焦点をあてているものの，製品ミックスについては議論されていないし，その範囲において，小売商に対するマーケティングの影響は含まれていないとする。小売業態の変化に影響を及ぼす要因として，製品の側面で検討している。製品行動がどのように関係したかによって，小売業態が変化するとしている。これも販売革新の側面である。

また，仕入面についても指摘されていて，供給者の行動，革新的方法による小売商の商品取り揃えといった複雑な問題については，ほとんど議論されていないとしている。加藤（1998）は，業態革新を価格面と品揃えの両方を含む統合理論を提起している。価格と品揃えを含んだ業態革新という場合，買物コストという視点を入れると，両方の概念が入るので，買物コスト理論を中心に据えることによって，業態革新論がより統合的になると主張する。(McNair, Malcom P., and E. May, *The Evolution of Retail Institutions in the United States*, Cambridge, 1976.（清水　猛訳『「小売の輪」は回る：米国の小売形態の発展』有斐閣，1982年。））；Izraeli, Dov, "The Three Wheels of Retailing：A Theoretical Note," *European Journal of Marketing*, Vol. 7, No. 1,1973, pp. 70-74.；Hollander, Stanley C., "The Wheel of Retailing," *Journal of Marketing*, Vol. 25, No. 1,1960, pp. 37-42.；Hollander, Stanley C., "Notes on the Retail Accordion," *Journal of Retailing*, Vol. 42, Summer, 1966, pp. 29-40, 54.；Brown, Stephen, "Innovation and Evolution in UK Retailing：The Retail Warehouse," *European Journal of Marketing*, Vol. 24, No. 9, 1990, pp. 39-54.；Davidson, William R., A.D. Bates, and S.J.Bass, "The Retail Life Cycle," *Harvard Business Review*, Vol. 54, Nov.-Dec., 1976, pp. 89-96.；Savitt, Ronald, "The "Wheel of Retailing" and Retail Product Management," *European Journal of Marketing*, Vol. 18, No. 6/7, 1984, pp. 43-54.；加藤　司「日本的小売業態の分析枠組み」『経営研究』第49巻，第2号，1998年，pp. 53-76.)

（7）　髙嶋（2003）は，既存業態が業態革新する可能性に言及している。
（8）　土屋（1961），pp. 22-23，p. 24，p. 27.
（9）　大丸呉服店本部調査課（1927）。
（10）　いとう呉服店（1920），p. 40。
（11）　松坂屋の直営工場については，松坂屋教育課（1936a），誠工舎60年史編纂委員会編（1985）。
（12）　松坂屋教育課（1936a），pp. 27-28，および大丸二百五十年史編集委員会編（1967a），第7巻，p. 83。
（13）　『モーラ』（1911）10月号，『モーラ』（1912）3月号。
（14）　松坂屋教育課（1936a），p. 23，p. 26.，株式会社白木屋編（1957），pp. 401-406。

(15) 五服会，日本百貨店協会については，日本百貨店協会編（1959），pp. 3-5.
(16) 伊藤家所蔵史料。
(17) 大丸二百五十年史編集委員会編（1967a），第2巻，p. 30。金物店は，100年以上続いた当時の大店である富士屋九兵衛の店を買収したものである。
(18) 「荒物方申渡書」(三井文庫所蔵史料　本1049-1)。
(19) このような仕入商品の多様化は，呉服商の顧客がワンストップ・ショッピング機能への要求に対応したものかどうか定かでないが，そうだとすれば，昭和30年代のスーパーの発生につながっていくだろう。
(20) 加藤善三郎編『鶴齢記』p. 78 参照。
(21) 松坂屋教育課（1936a），p. 22。
(22) 松坂屋教育課（1936a），p. 52。

第10章 日本流通の発展段階と今後の展望

【現在の日本橋三越本店本館】越後屋の自己革新能力は，現在の三越伊勢丹にも受け継がれ，地方百貨店を系列化し持続的優位性を保持している。

(資料) 株式会社三越伊勢丹蔵。

第1節　日本流通の発展段階

　前資本主義の時代における日本流通の発展段階を紐解いてみると，第1期の問屋支配の流通機構から，第2期になると市場での主要な担い手が交代し大規模小売商が主導する流通機構が形成されて，第3期の工場制手工業から，工場制機械工業へと生産部門が牽引する段階に継承され発展していったことが一般化できることを確認した（図10-1）。

　このような日本流通の発展状況に応じて，越後屋ではいずれの局面でも首尾一貫して製品戦略を変更していき，それに対応して仕入れの最適解を見出すという流通法則が認識できた。まず第1期において，越後屋は，延宝期（1673-1681年）に大名武士等特権階級の中でも屋敷売りの対象とならない不特定多数の需要拡大を捉え，正札現金掛値なしという販売方法を実施した。それに合わせて，仕入れは，消費地問屋，京都仕入店，長崎方から商品を調達していった。

　中でも本書が注目したのが，第2期にあたる1700年代以降の戦略である。享保期（1716-1736年）には拡大する需要に対応するため，仕入量を確保する必要にせまられた。しかし，卸売商支配の流通のもとでは，純粋に小売商として成長し大規模化することは困難であった。そこで新興の産地が勃興してきたことに着目して小売業務に携わると同時に，既存の流通機構を打破して地域に精通している有力商家と共同革新し産地卸売の役割を取り込んでいき，管理する仕組みを構築していったのである。すなわちこの顧客層の拡大に連動して，

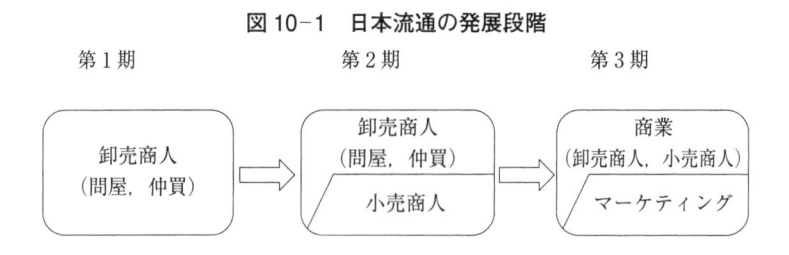

図10-1　日本流通の発展段階

第1期	第2期	第3期
卸売商人 （問屋，仲買）	卸売商人 （問屋，仲買） 小売商人	商業 （卸売商人，小売商人） マーケティング

仕入面では絹物で買宿制度を導入し，産地卸売商の段階まで支配していった。さらに天明期（1781-1789年）になると庶民層を取り込むため，上州の買宿制度を成功模範として木綿でも取り入れ，産地生産者まで後方系列化していった。そして買宿制度を産地特性・商品特性に合わせて独自に進化させ，定着させていったのである。しかも越後屋は既存の仕入経路から買宿経路に重心を移しつつも，幕藩体制を前提にした流通機構からの仕入れも併せて行っていくことで，多様な流通段階から多様な仕入方法を展開していくという流通取引制度を構築・維持することで優良な商品の大量かつ安定的な調達が可能になり，大量販売が実現できたのである。それにより消費拡大に対応できた越後屋は，大規模系列呉服小売商として成長を遂げる。

とりわけ生産量が限定的で品質も均質ではなく，しかも全国にまたがって生産されていた手工業生産の時代における呉服商の仕入機構は，卸売商主導の社会的分業を前提にした流通機構を活用するよりも，産地の買宿を後方系列化する方が商家としての経営上，合理的な選択肢であったということが理解しうる。言い換えれば後方系列化できるかどうかが，商家の成長と衰退の分水嶺になっていたのである。この意味において，買宿設置が大規模小売商の成立・発展の1つの条件となっていたと言える。

第1期でリーダーシップを握った卸売商人は，問屋制家内工業で生産者を掌握していくが，これに対して越後屋をはじめとする大規模呉服小売商は買宿制度で楔を打ち込んでいった。

生産者の側からみると，大規模小売商の支配下に置かれた生産者は，資金的な援助を受けるのみならず，生産過程まで指示を受けることで技術製品の向上がみられた。そのうえ産地の生産量の増大をもたらした。しかし大規模小売商主導の流通機構の中での生産性の向上にとどまり，その依存体制から脱却することはできず，生産者主体の革新的行動による機械化の条件は整わなかった。他方で甲州郡内の事例にみられたように，株仲間組織による流通機構に乗れなかった産地の生産者は，第三国経由で販売経路の構築を試行したが，江戸呉服問屋と甲州買継仲間からの抵抗に阻まれて，アウトサイダーにとどまることを

余儀なくされた。その結果新しい販売経路の構築にはいたらず，大規模呉服商を経由して販売するしか方策はみつからなかった。また，問屋制家内工業のもとで生産に従事した生産者は，手工業の範囲内にとどまった。いずれにおいても生産者は，大規模小売商の支配下における流通機構の中で，主体的な打開策を見出せなかったので成長が困難であったと言えよう。

このように越後屋が牽引して経済発展を遂げていて，自給自足経済から商品経済へ転換していく過程で大規模小売商の果たした役割は大きかったと言えよう。したがって第2期にすでに，流通近代化は始まっていたのである。

以上は，第2期の大規模小売商の成長・発展のあり方を示すものである。そして第3期への移行期における第2期の存在は，生産部門が主導する以前の生産過程は，問屋制家内工業やプロト工業だけで説明できるものではないことを意味している。すなわち日本流通の発展段階においては，大規模商人が小売商であると同時に生産部門に進出し，大規模小売商が生産者を組織化することで効率化・合理化している過程があったのである。言い換えれば，問屋制度から脱皮して生産形態発展の可能性が生じたのではなく，大規模小売商の生産者支配を脱却することによって，生産の発展へとつながっていく側があったといえよう。したがって問屋支配から大規模小売商の後方系列化の過程を経て，第3期である生産者が支配する段階へと受け継がれ，現在の大規模寡占製造業者，大規模小売商の進化・発展へと連続しているのである。

第2節　越後屋の買宿制度と大規模小売商主導の流通機構の形成

　第2期の流通機構において主導的な役割を果たした買宿制度というのは，商品仕入れに関して，後方に垂直統合して仕入網を直営で構築していくことと，資本的に独立した産地問屋から市場取引によって商品を調達すること，の中間にあたる仕入様式であると考えることができる。すなわち直営の仕入拠点を設けることなく，独立した商人の行動を直営拠点のように管理する仕組みを構築

したと考えることができるのである。

越後屋の買宿制度の特徴として、次の4点が指摘される。

第1に、買宿の選定基準を地元の有力商家に限定していることである。上州においては、地場産業に精通している地元の有力商家である星野金左衛門に買宿を委ねている。同様に伯州においても、地元の生産者の情報・つながりをもっている有力商家である西紙屋を買宿にしている。地元の有力商家と連携したことで、経営効率が高まったと思われる。

第2に、地元の有力商家と連携し、そこに高度な管理技術・制度を導入していることである。越後屋と取引する買宿については、営業方法、仕入方法、送り方について、細かく指示を与えて守らせようとしている。その上生活行動面においても厳しく管理して、奉公人の生活のあり方までも関与するものであった。さらに管理の仕組みは、越後屋から買宿への管理と買宿の越後屋から派遣された手代の管理という相互管理の仕組みを働かせている。また買宿の不祥事には、制裁処置で解決するという管理制度も導入していた。しかも商家内に全国に点在する買宿を管理する専門の部署を設け、統一した規則で全国の買宿を管理する制度が存在していたと思われる。こうした管理制度を導入・維持するためにさまざまな工夫を施したので、越後屋と買宿との持続的関係が構築・維持できたのである。

第3に、仕入れに関して厳しく品質管理していることである。すなわち上州においては、不良品を仕入れた場合に京都に送らないように上州の市で売り捌くように品質指示している。また八王子・青梅では、品質を保持するために買宿に派遣された手代の補佐役である庭造役を雇用している。同様に伯州においても、製造工程まで関与して、産地を指導・育成することによって、品質の保持に努めている。このような一定水準以上の品質の商品しか取り扱わないという仕入段階での品質管理が、越後屋の優位性となっていくのである。

第4に、買宿が産地情報と消費地情報の接合の役割を果たしていることである。つまり、大消費地の流行情報を呉服の製品開発・仕入れに活用するというものである。こうした情報格差を活用した方法によっても、越後屋は優位性を

構築していったのである。

　しかも本書から，越後屋の導入した買宿制度は，絹物で導入した時の初期の買宿制度と木綿で展開したその後の買宿制度では，その性格が異なることが明らかにされた。

　まず絹物（上州）の買宿制度の特徴として，次の２点を指摘することができる。

　第１に，絹物の買宿制度は，越後屋の規模の拡大に伴って，その問題を解決するための手段として導入されたものである。上州ではもともと次手から仕入れており，産地に関心を示していた。その後旅宿を設けたが，そうしたやり方では拡大する販売量に見合う仕入量が不足するため，買宿の設置をすることになったのである。

　第２に，上州では主として市場での取引であったので，産地問屋の段階まで後方系列化し管理の仕組みを導入していった。

　そして木綿（伯州）の買宿制度では，次の４点において絹物（上州）の買宿制度と比較して進化している。

　第１に，後進地域への進出で，かつ木綿という新興の商品であったので，産地に生産技術指導を施し，生産段階まで管理の仕組みを導入して，上州の買宿制度に改良を加えていることである。

　第２に，開拓した産地間の知識共有が一層強化されている。越後屋の中で，上州で起こした仕入革新である買宿制度が成功すると，その知識は，取引契約書，買方指南書として文書化され，絹物については青梅・八王子へと移転されていったが，さらに木綿においては，そうした知識は伯州・雲州へと広範囲に移転され，商家内で知識共有されている。これらの知識は越後屋全体に普及し，新興の産地進出の仕入制度として定着し，成長の原動力となったのである。

　第３に，上州の買宿制度では，主として荷物の集荷，保管，発送，越後屋から派遣されてくる手代の監視，旅館業といった役割を果たしていたが，伯州の買宿制度になると，買方役人による立ち入り調査，買宿支援，買宿制裁が用意されていて，管理が強化されている。

第4に，産地情報の共有・活用である。これによって全国の産地から収集された情報をもとに，仕入戦略を立案・実行することができるようになった。また，より有利な取引条件の産地から仕入れることも可能となった。その上産地情報の統合は，産地情報に基づいてまだ知られていない新たな産地を開拓する際にも利用されている。例えば伯州の買宿との取引の過程で，雲州にも新しい産地が形成されているという情報に基づいて，雲州にも買宿を設置している。また，産地の情報をもとに，産地間の仕入量の調整を行うことが可能になった。

こうした買宿制度の導入と発展に伴って，商家内でも買宿間競争が繰り広げられ，競争過程の中でより良い商品が生み出されていった。また，競合呉服商との競争もあり，越後屋の商家の行動が，他商家にも影響を与え，競争過程の中で競争力をつけていった。とくに競争過程においては，最初の戦略の成功から競合呉服商が追随するまでに時間差があり，革新性による競争力は長期にわたるものであったと考えることができる。

また，本書から買宿制度が与えた江戸時代の呉服流通への影響について，次の点が指摘される。越後屋の買宿制度は，商家内で活用・継承されるばかりでなく，競合呉服商にも取り入れられていった。その結果呉服商の存立基盤を形成し，呉服業界全体を成長産業に導いていったのである。また新しい市場・産地を開拓していくことで，流通機能のあり方にも影響を与え，地域の市場発展・経済発展ばかりでなく，呉服産業の発展にも貢献していったのである。すなわち江戸時代の呉服流通は，個別商家の革新性によっても支えられており，これが全体としての呉服流通量を促すばかりではなく，そこに商家が介在することで，産地の生産量の増大・技術製品の向上，都市消費者の消費量の増大・質的向上にも貢献している。そのことが，日本の経済発展を支える一つの要因となったのである。このような呉服商の動態的発展過程は，あらゆる産業に普遍性があると考えられる。

第3節　マーケティングと商業の共存の時代に向けて

　買宿制度に関する考察から次のような2つの理論的な示唆を捉えることができる。

　まず第1に，買宿制度が，未成熟な流通の問題解決のために中間組織的な管理の仕組みを採用したことから，前資本主義における後方系列化の意味を検討することができる。

　越後屋の仕入機構に関して，消費地問屋は既存の呉服商に押さえられていて，市場取引だけに依存したのでは，商品の需給の逼迫等の安定調達への懸念があるため，呉服商として経営の大規模化に対応できにくい状態であった。一方で垂直統合して仕入網を直営で構築していくことは，生産者が小規模で全国にわたっていたので，未成熟な流通の問題解決は困難であった。また，産地の卸売商支配の障害を乗り越えることも容易ではなかった。そこで越後屋では，買宿制度を全国規模で採用し，資本的には独立させておきながら内部組織のように行動する関係を構築し，その中に支配―従属の取引と中間組織的な管理を組み込むことによって，未成熟な流通機構を解決していったのである。

　このように，資本主義経済の時代に発達した系列化という制度は，前資本主義の時代に越後屋による後方系列化という組織間関係のあり方として，すでに江戸時代に築かれていたことを指摘することができる。

　このような所有権統合と独立した商人と市場取引との中間形態については，流通理論における先行研究の中で，現代の「流通系列化」の重要な特徴として捉えられ，かなりの理論蓄積がなされてきた問題でもある。すなわち，大規模生産者が大量生産に基づき大量販売と製品差別化のために流通を組織化し，資本的に独立した商人を所有権統合することなく，商人の行動を管理するための高等な問題解決を行った現象である（風呂 1968）。しかも越後屋が採用した買宿への支援や制裁の仕組みは，これらの流通系列化の理論展開で示されたパワ

一資源の議論とも整合するものである。

　とは言え，この越後屋の買宿制度を現代の流通系列化と相似的な現象として捉えることについては，次の点で慎重でなければならない。

　まず第1に，買宿制度では前資本主義経済の時代における未成熟な生産・流通を解決することが主要課題であったが，現代の流通系列化では，資本主義経済の時代における商業とマーケティングとの対立を解消することが主要課題であった。これは流通系列化の理論展開において，商業の特質から導かれた生産者にとっての矛盾が重要な位置を占めるものであることから，重要な差異であると言える。

　第2に，資本主義経済の系列化は，大規模寡占製造業者による商人の管理であって前方系列化であるが，前資本主義経済の時代においては，大規模小売商人による生産者の管理という後方系列化であるという点が異なる。すなわち，流通系列化については，大規模寡占生産者の販売先の管理が製品をより効果的に販売するというマーケティングの目的から発するものであるので，前方的な系列化が議論されたため，後方系列化については考察すべき問題と捉えられていないのである。

　ただしこのような問題の異質性があるとしても，両者の間には類推的に考えられる理論課題があると考えることができる。

　まず1つは，有力な商人の系列化による意味を考えることである。越後屋の商品調達網の強みは，いち早く幅広く全国にわたる産地の有力商家と連携したことであり，地元の有力商家を買宿に選定して買付けにあたらせたので，迅速に優良取引先をおさえることができた。これは流通系列化にあたって開放的取引から選択的取引に切り替える場合，取引先として優良取引先を選択したという意味で現代の流通系列化における販社構築との共通性が認められる。いずれの場合も有力な商人に対する中間組織の流通形態を採用し，そこに管理における対立を回避する制度を組み込む一方で，経営効率の高い競争力のある後方あるいは前方の経路を構築し，商家や企業としての競争力を獲得できた点である。

　2つ目には，調達の局面と販売の局面との相互支持的な関係にかかわる問題

が指摘される。越後屋における買宿制度という仕入革新は，呉服店における販売革新による販売量の増加に対する制約条件の緩和として必要不可欠なものであるがゆえに，買宿制度は越後屋の成長を支えたと言える。また上州や伯州において，買宿制度を利用した仕入段階での品質指示を出すことで製品の均質化・規格化を行い，そのことも販売量の増加を支えた要因となっている。このように大量販売を行う前提として大量仕入れや優良商品の仕入れが重要であり，逆に，大量に販売できるという見込みがないと大量に仕入れられない。すなわち販売革新と仕入革新は相互支持的な関係にある。このことは現代の流通系列化においても販社や系列店を通じた安定的な販売が，生産者における調達，開発，生産などの後方における活動を支持する制度であるという問題の認識につながる。

　さて第2の理論的含意として，越後屋では幕藩体制の枠組みの中で行動しながら，買宿制度を導入・展開していったが，このような革新的行動をとった商家が明治期以降の基礎を築くこととなった局面を捉えることができる。また越後屋の買宿制度に追随して，一定の仕入量を確保することができたいとう松坂屋，大丸屋も同様に明治期以降の経営につらなっていったのである。

　ただし越後屋の買宿制度に追随した呉服商のすべてが，経営を維持・存続させていったわけではない。越後屋，大丸屋，いとう松坂屋，白木屋等が市場での地位を維持している一方で，越後屋の買宿制度に追随を試みたが，十分に模倣することができず仕入量を確保できなかった伊勢屋伊兵衛，奈良屋忠兵衛，伊豆屋吉右衛門等も衰退の道をたどっていったとみられる。買宿制度において専属的契約をして買宿を管理できたかどうかの違いが，経営成果の成否を分けることになったと考えられる。

　そして既存の流通機構のみに依存している呉服商は，呉服師の事例にみられたように小規模経営にとどまるか停滞あるいは衰退していったとみられる。また大黒屋を始めとして岡野屋，越前屋，八幡屋，太田屋，宮川屋の事例で考察したように，直営仕入店という仕入機構を形成した商家は，明治期以降の経営へとつながらず，江戸時代中期から後期にかけて衰退していったのであろう。

また，江戸時代の越後屋の仕入革新と成果は，次の2点について明治時代以降の近代化において，受け継がれていく。

　第1に，買宿は明治時代になると買継へと変貌を遂げるが，伝統的産地を背景に問屋制家内工業の担い手として重要な役割を果たすことになる。このように買宿（買継）は，19世紀を通じて呉服・衣料品流通の大きな地位を占めていたと言えるだろう。

　第2に，江戸時代の呉服商時代に，卸売商や生産者との取引関係によって培われた経験は，明治時代以降の卸売業者・生産者との取引関係における商品管理や商品多様化に活かされることになる。つまり江戸時代の仕入経路構築能力・仕入経路管理能力，仕入品目多様化能力の蓄積が百貨店化の基礎となり，各種商品取り揃えの際に新規の仕入先を開拓し，多様な仕入経路から商品を調達できるようになる。それによって各種商品において大量販売システムを支え，百貨店化を実現しえたのである。ただし生産部門への進出は，家具工場に代表されるように，量産化に対応した商品ではなかったため，大規模工場による大量生産には結びつかなかったといえよう。

　そして生産者が大規模化し大規模寡占製造業者支配の流通機構が形成されてくるようになると，大量生産された商品の確実な販売経路の確保と流通段階での価格の遵守を重視するようになってきた。このため商業とマーケティングの対立という問題が顕在化してくるのである。その矛盾を解消するため，大規模寡占製造業者は前方系列化して小売店を組織化していった。しかし前方系列化の対象として大規模小売商は排除される傾向があったため，大規模小売商はプライベート・ブランド，アローワンス，オープンプライスといった対抗力を行使していくことでパワーを発揮していった。また，製販統合の動きもみられ，個別の大規模寡占製造業者が流通機構を制御しえないほどに大規模小売商が成長を遂げてきた。そして現在，日本の流通機構は大規模寡占製造業者と大規模小売商という2つの勢力が共存し，パワーを発揮し合うことで均衡を保持する社会へと大きく変動しつつある。

参考文献

赤松俊秀・山本四郎（1969）『京都府の歴史』県史シリーズ26，山川出版社。
足立政男（1956）「近世京都商人の商業経営について―柏原家の店則より見た江戸店の経営方針及び商人意識について―」『立命館経済学』第5巻，第5号。
天野雅敏（1995）「国産奨励政策の展開に関する一考察」『国民経済雑誌』第171巻，第5号。
新井敦子（1961）「江戸の砂糖問屋―河内屋孫左衛門の場合―」『東京女子大学・史論』第9集。
荒居英次（1963）『近世日本漁村史の研究』新生社。
有賀光胤（1937）『店史概要』株式会社松坂屋。
安藤精一（1958）『近世在方商業の研究』吉川弘文館。
安藤精一（1985）『近世都市史の研究』清文堂出版。
石井寛治（2003）『日本流通史』有斐閣。
いとう呉服店（1920）『開店十年記念 百貨進会案内』。
井上定幸（1976）「西上州富岡旧古沢清左衛門家の商経営記録の紹介―三井越後屋絹買宿関係史料を中心として」『群馬県史研究』第3号。
今井修平（1986）「近世都市における株仲間と町共同体」『歴史学研究』第560号。
上野松坂屋200年史編集委員会編（1968）『上野松坂屋200年の歩み』松坂屋上野店。
上村雅洋（2000）『近江商人の経営史』清文堂出版。
江頭恒治（1965）『近江商人中井家の研究』雄山閣出版。
大阪経済史料集成刊行委員会編（1974）『大阪経済史料集成』第5巻，大阪商工会議所。
大阪市編（1978）『大阪市史』第1，清文堂出版。
岡崎哲二（1999）『江戸の市場経済―歴史制度分析からみた株仲間―』講談社。
岡崎哲二編（2001）『取引制度の経済史』東京大学出版会。
小倉栄一郎（1966）「経営管理と中井家帳合法」『社会経済史学』第31巻，第6号。
小倉栄一郎（1967）「わが国固有簿記法の展望」『彦根論叢』第122号。
小倉栄一郎（1967）「わが国固有の会計報告の類型」『会計』第91巻，第5号。
小倉栄一郎（1978）「和式帳合法発達段階の実証」『研究紀要』第11号。
尾崎久仁博（1988）「戦前期松下のチャネル行動と経営戦略」『彦根論叢』第257号。
賀川隆行（1975）「近世後期の越後屋の経営」『三井文庫論集』第9号。
賀川隆行（1985）『近世三井経営史の研究』吉川弘文館。
鹿島　茂（1991）『デパートを発明した夫婦』講談社現代新書。
粕谷　誠（2002）『豪商の明治―三井家の家業再編過程の分析―』名古屋大学出版会。
加田哲二（1959）「元禄前後における江戸の呉服屋」『経済集志』第28巻，第6号。
株式会社白木屋編（1957）『白木屋三百年史』株式会社白木屋。
株式会社三越編（2005）『株式会社三越100年の記録』株式会社三越。

参考文献

河原一夫（1977）『江戸時代の帳合法』ぎょうせい。
菅野和太郎（1930）『日本商業史』日本評論社。
北島正元（1975）『江戸商業と伊勢店』吉川弘文館。
北島正元（1975）『日本の歴史 16 江戸幕府』小学館。
京都市編（1972）『京都の歴史―近世の展開―』第5巻，学芸書林。
桐生織物史編纂会編（1935）『桐生織物史』上巻，桐生織物同業組合。
桑原哲也（1990）『企業国際化の史的分析―戦前期日本紡績企業の中国投資―』森山書店。
桑原哲也（1991）「第二次戦前の外国企業の対日投資―二次文献の調査にもとづいて―」『経済経営論叢』第26巻，第2号。
群馬県史編さん委員会編（1991）『群馬県史』通史編5，近世2，群馬県。
群馬県史編さん委員会編（1977）『群馬県史』資料編9，近世1，群馬県。
幸田成友（1938）「江戸の町人の人口」『社会経済史学』第8巻，第1号。
孤松子編（1968）『京羽二重 京羽二重織留大全』新修京都叢書第6巻，光彩社。
財団法人三井文庫編（1973）『三井事業史』資料篇1。
財団法人三井文庫編（1980a）『三井事業史』本篇第1巻。
財団法人三井文庫編（1980b）『三井事業史』本篇第2巻。
財団法人三井文庫編（2002）『三井家文化人名録』財団法人三井文庫。
斎藤修（1984）「在来織物業における工場制工業化の諸要因―戦前期日本の経験―」『社会経済史学』第49巻，第6号。
斎藤修（1985）『プロト工業化の時代―西欧と日本の比較史―』日本評論社。
斎藤隆三（1935）『近世時様風俗』三省堂。
作道洋太郎（1975）「住友財閥の源流―江戸時代の家訓を中心として―」『大阪大学経済学』第25巻，第2・3号。
作道洋太郎（1976）「江戸時代の労務管理思想―商家経営の場合を中心として―」『大阪大学経済学』第26巻，第1・2号。
作道洋太郎（1978）「江戸期商人の系譜と特質」作道洋太郎・宮本又郎・畠山秀樹・瀬岡誠・水原正亨『江戸期商人の革新的行動』有斐閣。
桜井英治・中西聡編（2002）『流通経済史』山川出版社。
佐々木聡（1994）「花王にみる戦前日本の流通革新」『経営史学』第28巻，第4号。
三瓶孝子（1956）「機業における問屋制家内工業，及びマニュファクチュアの展開過程―明治以後について―」『歴史学研究』第192号。
J. ヒルシュマイヤー・由井常彦（1977）『日本の経営発展―近代化と企業経営―』東洋経済新報社。
塩地洋・T. D. キーリー（1994）『自動車ディーラーの日米比較』九州大学出版会。
篠田寿夫（1974）「銚子造醤油仲間の研究―江戸地廻り経済圏の一断面―」『地方史研究』第24巻，第3号。
商工省商務局編（1930a）『商取引組織及系統ニ関スル調査（内地向絹，人絹及交織物）』商工省商務局。
商工省商務局編（1930b）『商取引組織及系統ニ関スル調査（内地向綿織物）』日本商工会議所。
新修京都叢書刊行会（1969）『新修 京都叢書』第2巻，臨川書店。

末永國紀（1997）『近代近江商人経営史論』有斐閣。
末永國紀（1984）「近江商人丁吟の経営」財団法人近江商人郷土館丁吟史研究会編『変革期の商人資本—近江商人丁吟の研究—』吉川弘文館。
鈴木安昭・田村正紀（1980）『商業論』有斐閣新書。
誠工舎60年史編纂委員会編（1985）『六十年の軌跡：株式会社誠工舎創業60周年記念社史』誠工舎。
関　一（1906）「小売大店舗制度（其一）」『経済学商業学国民経済雑誌』第1巻，第7号。
関山直太郎（1948）『近世日本人口の研究』龍吟社。
関山直太郎（1958）『近世日本の人口構造』吉川弘文館。
孫　一善（1993）「高度成長期における流通システムの変化　石鹸・洗剤業界を中心に—」『経営史学』第27巻，第4号。
孫　一善（1994）「高度成長期における流通系列化の形成—松下販社制度の形成を中心に—」『経営史学』第29巻，第3号。
大丸呉服店本部調査課（1925）『百貨商店と商品管理制度』。
大丸呉服店本部調査課編（1927）『所要時間の研究と販売員の訓練』。
大丸呉服店本部調査課（1928a）『販売各部長のマニュアル　上』。
大丸呉服店本部調査課（1928b）『販売各部長のマニュアル　下』。
大丸二百五十年史編集委員会編（1967a）『大丸二百五十年史』第1巻〜第8巻，株式会社大丸。
大丸二百五十年史編集委員会編（1967b）『大丸二百五十年史』株式会社大丸。
髙嶋克義（1994）『マーケティング・チャネル組織論』千倉書房。
髙嶋克義（1996）「流通取引制度の分析視角」『流通科学』第13号。
髙嶋克義（2002）『現代商業学』有斐閣。
髙嶋克義（2003）「小売業態革新の分析枠組み」『国民経済雑誌』第187巻，第2号。
髙嶋克義（2013）「小売企業における革新的仕入行動の考察」『流通研究』第15巻，第1号。
髙嶋克義・桑原秀史（2008）『現代マーケティング論』有斐閣。
武井博明（1972）『近世製鉄史論』三一書房。
武居奈緒子（2006）「小売業態革新に関する新視点」『山口経済学雑誌』第55巻，第1号。
武居奈緒子（2007）「日本における大規模小売商成立に関する歴史的考察—明治・大正期の高島屋を中心として—」『山口大学ディスカッションペーパー』2007-15。
武居奈緒子（2010）「大規模小売商による新業態開発の歴史的展開—髙島屋十銭ストアの革新性—」髙嶋克義・西村順二編『小売業革新』千倉書房。
Naoko Takesue (2011), "Changing of Consumer Markets and Development of Japanese Transaction Practices – from Edo Era to the Present," 2011 Biennial Conferece of Asian Consumer and Family Economics Association, Proceedings.
武居奈緒子（2013）「三井物産の支店長諮問会議制度—日本的取引慣行の萌芽的形態—」『経営情報研究』第20巻，第2号。
武部善人（1981）『河内木綿史』吉川弘文館。
田中康雄（1978）「富山家大黒屋の上州店」『群馬県史研究』第7号。
谷本雅之（1998）『日本における在来的経済発展と織物業』名古屋大学出版会。
田村正紀（1986）『日本型流通システム』千倉書房。

田村正紀（2001）『流通原理』千倉書房。
田村正紀（2004）『先端流通産業』千倉書房。
田村正紀（2008）『業態の盛衰』千倉書房。
田村正紀（2013）『旅の根源史―映し出される人間欲望の変遷―』千倉書房。
千本暁子（1989a）「三井の長期勤続奨励策の史的考察」『経営史学』第23巻，第4号。
千本暁子（1989b）「三井の使用人採用方法の史的考察」『社会科学』第42号。
津田秀夫（1961）『封建経済政策の展開と市場構造』御茶の水書房。
土屋好重（1961）『百貨店』新紀元社。
都留市史編纂委員会編（1994）『都留市史』資料編近世Ⅱ，都留市。
栂井義雄（1961）「三井大元方の資本蓄積」『専修大学論集』第27号。
戸田海市（1909a）「百貨商店ニ就テ（其一）」『経済学商業学国民経済雑誌』第7巻，第5号。
戸田海市（1909b）「百貨商店ニ就テ（其二）」『経済学商業学国民経済雑誌』第7巻，第6号。
鳥取県編（1977）『鳥取県史』第8巻，鳥取県。
鳥取県立博物館編（1983）『資料調査報告書第十一集―伯耆国八橋郡赤崎村西紙屋資料―』
豊泉益三（1955）『越後屋覚書』三邑社。
内藤正中・真田廣幸・日置粂左エ門（1997）『鳥取県の歴史』山川出版社。
中井信彦（1959）「近世封建社会における商品流通史研究の課題」『歴史学研究』第229号。
中井信彦（1961）『幕藩社会と商品流通』塙書房。
中井信彦（1966）「三井家の経営―使用人制度とその運営―」『社会経済史学』第31巻，第6号。
中井信彦（1971）『転換期幕藩制の研究―宝暦・天明期の経済政策と商品流通―』塙書房。
中田易直（1954）「天和年間新旧商人層の抗争」『日本歴史』第71号。
中田易直（1959）『三井高利』吉川弘文館。
中部よし子（1967）『近世都市の成立と構造』新生社。
西川　登（1993）『三井家勘定管見―江戸時代の三井家における内部会計報告制度および会計処理技法の研究―』白桃書房。
西坂　靖（2006）『三井越後屋奉公人の研究』東京大学出版会。
日本百貨店協会編（1959）『日本百貨店協会10年史』日本百貨店協会。
野村兼太郎（1946）「呉服問屋と絹買指宿」『三田学会雑誌』第40巻，第1号。
長谷川　彰（1993）『近世特産物流通史論―龍野醤油と幕藩制市場―』柏書房。
畠山秀樹（1978）「住友吉左衛門」『江戸期商人の革新的行動』有斐閣新書。
花咲一男編（1972）『諸国買物調方記』渡辺書店。
林　玲子（1963）「江戸木綿問屋仲間と関東木綿」『歴史学研究』第274号。
林　玲子（1967）『江戸問屋仲間の研究』御茶の水書房。
林　玲子（2000）『近世の市場構造と流通』吉川弘文館。
林　玲子（2003a）『関東の醤油と織物―18〜19世紀を中心として―』吉川弘文館。
林　玲子（2003b）『江戸店の明け暮れ』吉川弘文館。
林　玲子編（1990）『醤油醸造業史の研究』吉川弘文館。
濱村正三郎（1935）「株仲間再興以後に於ける大阪砂糖店の江戸取引」『経済史研究』第13巻，第6号。
樋口　弘（1956）『日本糖業史』味燈書屋。

百貨店新聞社編（2010）『全国百貨店有名取引業者総覧』（昭和10年度）ゆまに書房。
平井泰太郎（1937）「百貨店形態の形式と内容」『国民経済雑誌』第62巻，第2号。
平井泰太郎（1937）「百貨店統制の目標」『国民経済雑誌』第62巻，第5号。
平井泰太郎（1952）「現代経済社会における百貨店の地位—百貨店経営の性質並びに社会的職能—」清水　晶・土屋好重編『百貨店経営』東洋書館。
平山悦子（1960）「近世三井家の商業使用人」『東京女子大学・史論』第8集。
藤岡町史編纂委員会編（1957）『藤岡町史』群馬県藤岡市。
藤田貞一郎（1977）「商家の資本蓄積」宮本又次編『江戸時代の企業者活動』日本経営史講座第1巻，日本経済新聞社。
藤田貞一郎（1998）『国益思想の系譜と展開—徳川期から明治期への歩み—』清文堂出版。
藤田貞一郎（2003）『近代日本経済史研究の新視角』清文堂出版。
古田悦造（1996）『近世魚肥流通の地域的展開』古今書院。
風呂　勉（1968）『マーケティング・チャネル行動論』千倉書房。
堀　新一（1937）『百貨店問題の研究』有斐閣。
松尾陽吉編（1980）『郷土史事典　鳥取県』昌平社。
松坂屋教育課（1936a）『松坂屋読本（仕入の巻）』。
松坂屋教育課（1936b）『松坂屋読本（販売の巻）』。
松坂屋教育課（1936c）『松坂屋読本（接客の巻）』。
松坂屋伊藤祐民伝刊行会編（1952）『伊藤祐民伝』松坂屋伊藤祐民伝刊行会。
松坂屋70年史編集委員会編（1981）『松坂屋七十年史』株式会社松坂屋。
松田慎三（1931）『デパートメントストア』日本評論社。
松本四郎（1962）「江戸の問屋仲間および問屋商人について—享保期から明和・安永期にかけて—」『歴史学研究』第264号。
松本四郎（1965）「商品流通の発展と流通機構の再編成」古島敏雄編『日本経済史大系4近世下』東京大学出版会。
松本四郎（1968）「幕末・維新期における三井家大元方の存在形態」『三井文庫論叢』第2巻。
三井銀行八十年史編纂委員会編（1957）『三井銀行八十年史』株式会社三井銀行。
水野祐吉（1937）『百貨店論』日本評論社。
水野祐吉（1940）『百貨店研究』同文館。
三井高維（1932）「江戸時代に於ける特殊商業としての呉服屋と両替屋」『社会経済史』第2巻，第9号。
宮本又次（1938）『株仲間の研究』有斐閣。
宮本又次（1941）『近世商人意識の研究—家訓及店則と日本商人道—』有斐閣。
宮本又次（1943）『日本商業史』龍吟社。
宮本又次（1951）『日本近世問屋制の研究—近世問屋制の形成—』刀江書院。
宮本又次（1954）『日本商業史概論』世界思想社。
宮本又次（1957）「江戸時代の帳簿と帳合」『大阪大学経済学』第6巻，第3・4号。
宮本又次（1971）『概説日本商業史』大原新生社。
宮本又次（1979）『近世日本経営史論考』東洋文化社。
村本福松（1933）「百貨店経営に於ける自家生産の限界」『経済時報』第5巻，第6号。
森岡美子（1950）「荷受問屋資本の生産地投下の諸形態—京都和糸絹問屋の場合」『史学雑

誌』第 59 編, 第 1 号。
安岡重明（1970）『財閥形成史の研究』ミネルヴァ書房。
安岡重明（1975）「幕藩制の市場構造」『岩波講座　日本歴史 10 近世』岩波書店。
山口和雄・石井寛治編（1986）『近代日本の商品流通』東京大学出版会。
山下　恭（2006）『近世後期瀬戸内塩業史の研究』思文閣出版。
山田武麿（1954）「元禄, 享保期における北関東在郷商人の成長」『地方史研究』第 11 号。
山田忍三（1930）『百貨店経営と小売業』千倉書房。
山脇悌二郎（1995）『長崎の唐人貿易』吉川弘文館。
山脇悌二郎（2002）『事典　絹と木綿の江戸時代』吉川弘文館。
由井常彦（1963）「わが国会社企業の先駆的諸形態」『経営論集』第 10 巻, 第 4 号。
柚木　学（1987）『酒造りの歴史』雄山閣出版。
柚木　学（1998）『酒造経済史の研究』有斐閣。
吉永　昭（1962）「伊勢商人の研究—近世前期における「富山家」の発展と構造」『史学雑誌』第 71 編, 第 3 号。
吉永　昭（1972）「商家奉公人の研究—信州松代八田家の場合—」『信濃』第 24 巻, 第 3 号。

執筆者紹介
1965 年　愛媛県松山市に生まれる
1993 年　神戸大学大学院経営学研究科博士後期課程単位取得
現　在　摂南大学経営学部教授　博士（商学）

JCOPY 〈(社)出版者著作権管理機構　委託出版物〉

本書のコピー，スキャン，デジタル化など無断複写は著作権法上での例外を除き禁じられています。複写される場合は，そのつど事前に（社）出版者著作権管理機構（電話 03-5244-5088，FAX 03-5244-5089，e-mail: info@jcopy.or.jp）の許諾を得てください。また，本書を代行業者などの第三者に依頼してスキャンやデジタル化することは，たとえ個人や家庭内での利用であっても一切認められておりません。

大規模呉服商の流通革新と進化

2014 年 3 月 30 日　初版第 1 刷発行
2018 年 6 月 26 日　初版第 2 刷発行
2023 年 4 月 28 日　初版第 3 刷発行

著作者　武居　奈緒子
発行者　千倉　成示

発行所　㈱千倉書房
〒104-0031 東京都中央区京橋 3-7-1
電　話・03(3528)6901
https://www.chikura.co.jp/

Ⓒ 2014 武居奈緒子，Printed in Japan
印刷製本・藤原印刷／カバーデザイン・島　一恵
ISBN978-4-8051-1030-0